Novo Método de Violão
Opus 59
Incluindo 10 estudos Opus 60 e 5 músicas famosas

Matteo Carcassi

Nº Cat.: 41-M

Irmãos Vitale S.A. Indústria e Comércio
www.vitale.com.br
Rua França Pinto, 42   Vila Mariana   São Paulo   SP
CEP: 04016-000 Tel.: 11 5081-9499 Fax: 11 5574-7388

© Copyright 2000 by Irmãos Vitale S.A. Ind. e Com. - São Paulo - Brasil
Todos os direitos autorais reservados para todos os países. *All rights reserved.*

Dados Internacionais de Catalogação na Publicação (CIP)
(Câmara Brasileira do Livro, SP, Brasil)

Carcassi, Matteo
  Novo Método de Violão opus 59 (completo)/ Matteo Carcassi. -- São Paulo : Irmãos Vitale , 1999.

  ISBN 85-7407-050-5
  ISBN 978-85-7407-050-6

  1. Violão 2. Violão - Estudo e ensino I. Título

98-5754   CDD-787.8707

Índices para catálogo sistemático
1. Violão : Estudo e ensino : Música 787.8707

Créditos

Revisão Musical
Cláudio Hodnik

Editoração Eletrônica
Sávio Araújo

Capa
Yones Huidobro

ÍNDICE

1- Quadro geral da extensão do braço do violão 5
2- Princípios elementares da música 6
3- Figura e valor das notas e silêncios 7
4- Do compasso 8
5- Do sustenido, bemol e bequadro / Das escalas 9
6- Das abreviaturas / sinais de repetição / Sinais de expressão 11

Primeira parte

7- Maneira de ferir as cordas / Maneira de afinar o violão 13
8- Escala natural 14
9- Dos acordes e da maneira de os produzir / Da pestana 16
10- Dos arpejos 17
11- Estudos dos arpejos mais usados no violão .. 19

Escalas, cadências, exercícios e prelúdios

12- No tom de Dó Maior 28
13- No tom de Sol Maior 30
14- No tom de Ré Maior 31
15- No tom de Lá Maior 33
16- No tom de Mi Maior 36
17- No tom de Fá Maior 37
18- No tom de Lá menor 39
19- No tom de Mi menor 41
20- No tom de Ré menor 43

21- Exercícios de 1 a 22 para a independência dos dedos 44

Segunda parte

22- Das notas ligadas 47
23- Do som portado ou arrastado / Das appoggiaturas 50
24- Do gruppetto 52
25- Do trilo ou trinado 53
26- Do mordente 54

Posições

27- Escala na 4ª posição 55
28- Escala na 5ª posição 56
29- Escala na 7ª posição 58
30- Escala na 9ª posição 59

31- Das notas dobradas 61

Escalas, cadências, exercícios e prelúdios

32- No tom de Si menor 67
33- No tom de Fá# menor 68
34- No tom de Si Maior 69
35- No tom de Dó# menor 71
36- No tom de Sol# menor 72
37- No tom de Fá# Maior 73
38- No tom de Sib Maior 74
39- No tom de Sol menor 75
40- No tom de Dó menor 76
41- No tom de Láb Maior 77
42- Sons Harmônicos 78
43- Exercícios nos sons harmônicos 79

Terceira parte

44- 15 peças progressivas 80
45- Estudos Opus 60 96
46- Irma (A. Bernardini) 116
47- Sarabande (Bach) 117
48- Guardame las vacas (L. de Narvaez) 118
49- Sonatina (Paganini) 120
50- Adelita (F. Tárrega) 122

Quadro Geral da extensão do braço do violão
Escala cromática sobre cada corda

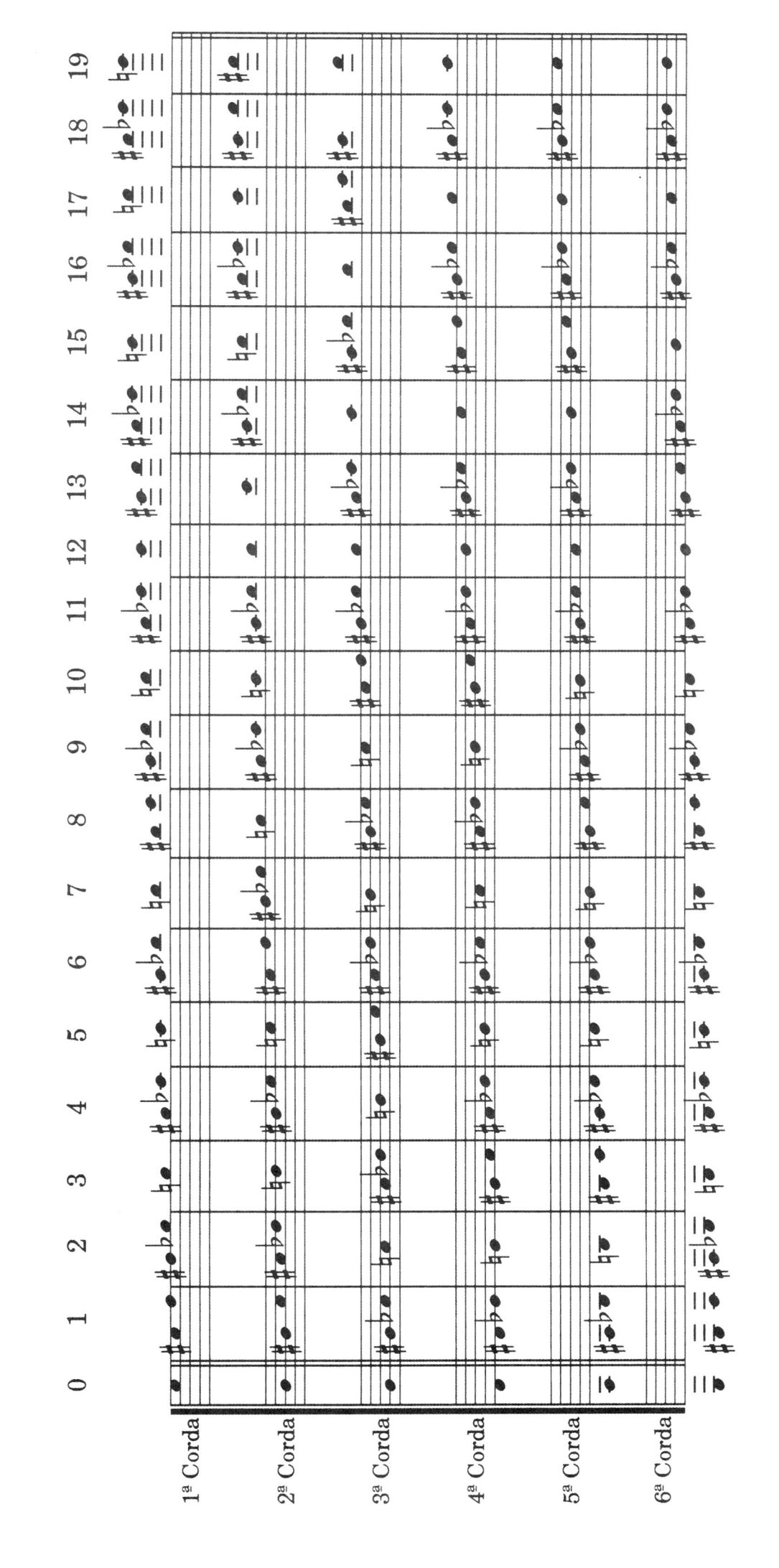

Princípios elementares da música

A música como outras artes, exprime o sentimento humano, sonhos, revoltas e outras vezes apenas o desejo de alcançar o máximo aprimoramento técnico. A matéria prima da música é o som, sua organização (ritmo, melodia, harmonia), está estreitamente ligada ao contexto cultural em que vive o artista.

Para se grafar a música no ocidente é usado um sistema de cinco linhas e quatro espaços ao qual chamamos pauta ou pentagrama. Quando este não é suficiente são usadas pequenas linhas as quais chamamos linhas suplementares, tanto superiores quanto inferiores.

Notas sôbre as linhas e os espaços

Das notas

A música compõe-se de sete notas que se nomeiam **Dó**, **Ré**, **Mi**, **Fá**, **Sol**, **Lá**, **Si**; repetindo-se o **Dó** uma oitava acima, forma uma sucessão de oito notas, a qual toma o nome de **escala**.

Escala natural de Dó

Das claves

A **clave** é um sinal que se coloca no princípio da pauta para determinar o nome das notas.

Existem três nomes de claves, que são: **Clave de Sol** que se escreve sôbre a 2ª linha, a **Clave de Dó** que se escreve sôbre as quatro primeiras linhas, e a **Clave de Fá** escrita na quarta linha.

A música de Violão escreve-se unicamente na **Clave de Sol**.

Exemplo das notas na Clave de Sol

Figura e valor das notas e silêncios

As figuras das notas são sete e com sete valores diferentes; entende-se por valor de uma nota a duração que deve ter o som por ela produzido; esta duração é determinada pela figura da nota.

Cada uma das figuras das notas tem uma pausa que lhe corresponde, isto é, da mesma duração.

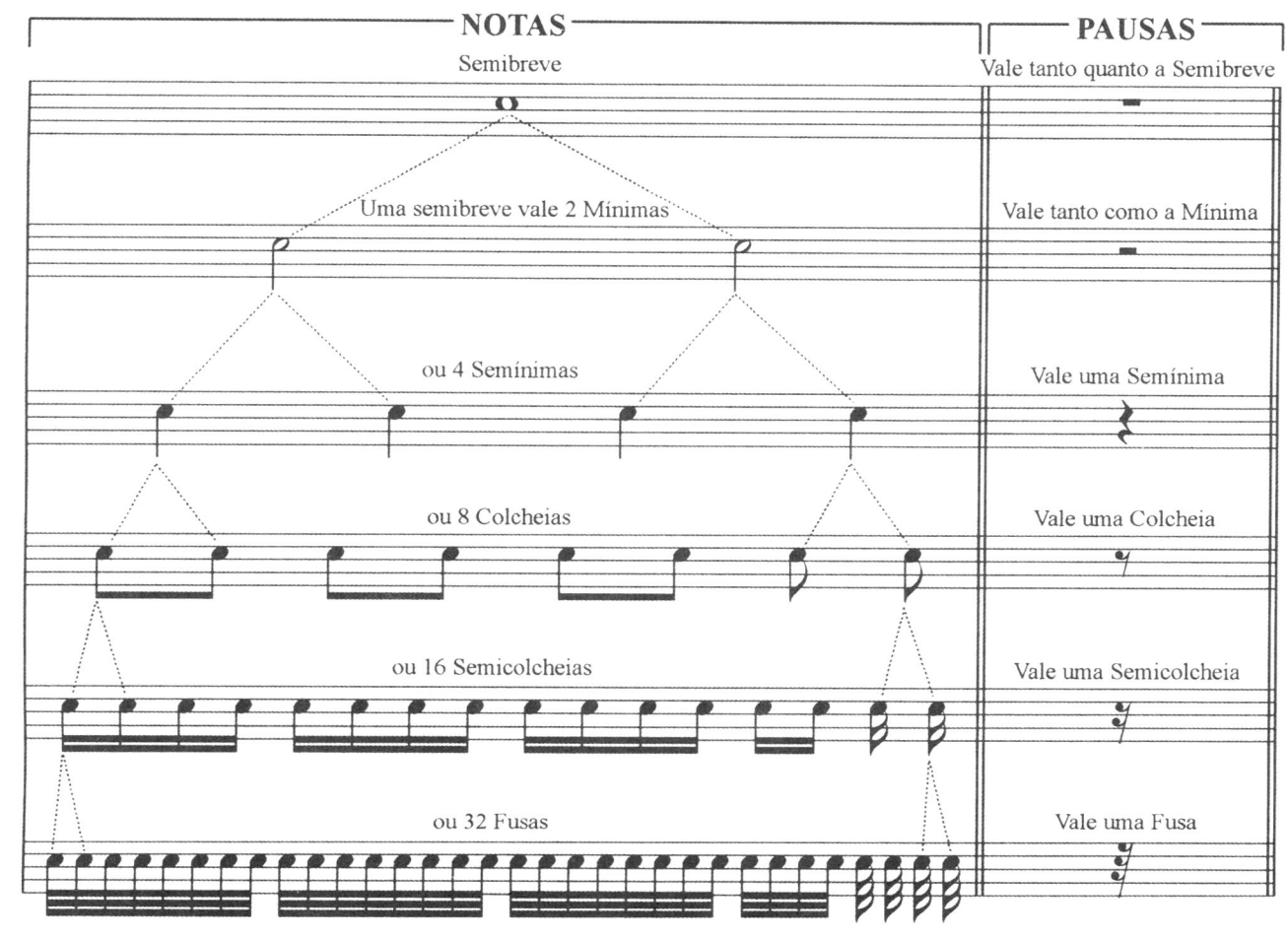

NOTAS	PAUSAS
Semibreve	Vale tanto quanto a Semibreve
Uma semibreve vale 2 Mínimas	Vale tanto como a Mínima
ou 4 Semínimas	Vale uma Semínima
ou 8 Colcheias	Vale uma Colcheia
ou 16 Semicolcheias	Vale uma Semicolcheia
ou 32 Fusas	Vale uma Fusa

As Semifusas são cortadas quatro vezes, e são precisas 64 para uma Semibreve

Do ponto

O **ponto** junto a uma nota qualquer, ou a uma **pausa**, aumenta-lhe metade do seu valor; assim a semibreve pontuada vale três mínimas, a mínima três semínimas, a semínima três colcheias, e a colcheia três semicolcheias.

Acontece algumas vezes que se põem dois pontos juntos à uma nota, então o segundo ponto aumenta a metade do valor do primeiro.

Para reunir as pausas de muitos compassos empregam-se estes sinais: Vale 2 compassos   Vale 3 compassos   Vale 4 compassos

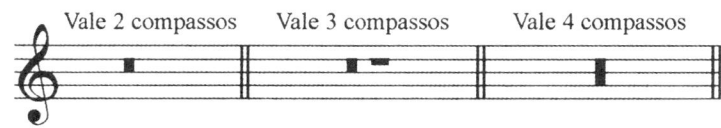

Das quiálteras

A **quiáltera** é um grupo de notas indicado por cifras que alteram a subdivisão natural da pulsação.

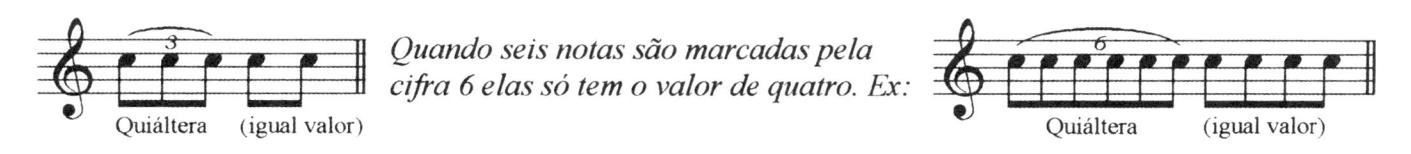

Quiáltera (igual valor)   *Quando seis notas são marcadas pela cifra 6 elas só tem o valor de quatro. Ex:*   Quiáltera (igual valor)

Do compasso

Toda peça de música é dividida em porções de uma igual duração, ao que se chama compasso.

Há três qualidades de compassos: compasso a quatro tempos, compasso a três tempos, e compasso a dois tempos; todos os outros são derivados destes três principais e são chamados de compostos.

O compasso marca-se, no princípio de cada peça, por sinais ou por cifras que indicam os tempos de que ele é composto; os compassos separam-se com linhas verticais chamadas: divisões de compasso.

No exemplo abaixo damos os diferentes compassos e como são eles indicados no princípio de cada peça e a maneira de os bater.

COMPASSO A QUATRO TEMPOS
marca-se por um C ou $\frac{4}{4}$ e executa-se assim:

COMPASSO A TRÊS TEMPOS (*chamado três-por-quatro*)
marca-se pela cifra $\frac{3}{4}$ e executa-se assim:

COMPASSO A DOIS TEMPOS (*chamado dois-por-quatro*)
marca-se pela cifra $\frac{2}{4}$ e executa-se assim:

COMPASSO DE DOZE-POR-OITO
assim marcado $\frac{12}{8}$ e executa-se em 4 tempos.

COMPASSO DE NOVE-POR-OITO
assim marcado $\frac{9}{8}$ e executa-se em 3 tempos.

COMPASSO DE SEIS-POR-OITO
assim marcado $\frac{6}{8}$ e executa-se em 2 tempos.

COMPASSO E TRÊS-POR-OITO
assim marcado $\frac{3}{8}$ e executa-se em 3 tempos.

Compasso chamado *"alla breve"* assim marcado ϕ ou em $\frac{2}{2}$, executa-se em dois tempos e compõem-se dos mesmos valores do compasso a quatro tempos.

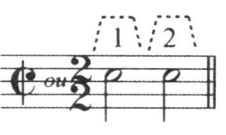

Da ligadura e da síncope

Estas denominações são marcadas por uma linha curva ⌢ que liga muitas notas.

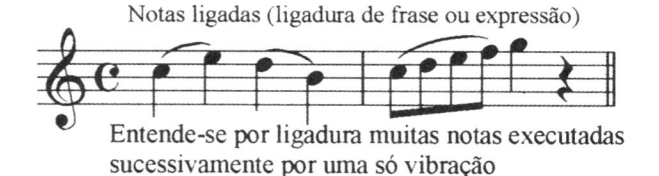

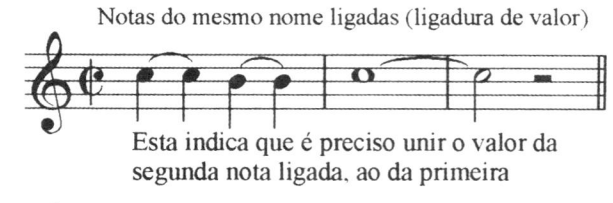

Notas ligadas (ligadura de frase ou expressão)

Entende-se por ligadura muitas notas executadas sucessivamente por uma só vibração

Notas do mesmo nome ligadas (ligadura de valor)

Esta indica que é preciso unir o valor da segunda nota ligada, ao da primeira

Notas sincopadas

Entende-se por síncope uma nota partida igualmente entre a parte fraca de um tempo, ou sua subdivisão, e a parte forte do tempo seguinte, ou sua subdivisão

Do Sustenido, Bemol e Bequadro

O sustenido ♯ é um sinal que faz subir o som da nota um semi-tom. O bemol ♭ o desce um semi-tom e o bequadro ♮ restitui a nota alterada pelo sustenido ou bemol ao seu estado primitivo.

O sustenido ou o bemol posto ao lado de uma nota, chama-se acidente e o governa no compasso em que se acha; mas quando se coloca no princípio das peças de música (o que se chama Clave) para designar a tonalidade, todas as notas que tem o mesmo nome tomam o carater desses sinais.

Há tantos sustenidos e bemóis como notas, os quais se colocam também sobre as linhas e espaços da pauta.

Os sustenidos colocam-se (começando pelo Fá) em quinta acima ou quarta abaixo.

Os bemóis colocam-se (começando pelo Si) em quarta acima ou quinta abaixo.

Há ainda o duplo sustenido ⸭ que faz subir em um tom, e o duplo bemol (♭♭) que a faz descer em um tom.

Dos intervalos

Chama-se intervalo a distância que há de um som a um outro.

Do tom e do modo

Chama-se tom a um som que determina a nota fundamental fixando a tônica e sobre a qual é estabelecida uma peça de música. Todas as notas podem ser tônicas.

Modo é o carater do tom, o qual é de duas espécies, a saber: o modo maior e o modo menor; ele é maior quando tem dois tons da tônica à terça, e menor quando só tem tom e meio da tônica à terça.

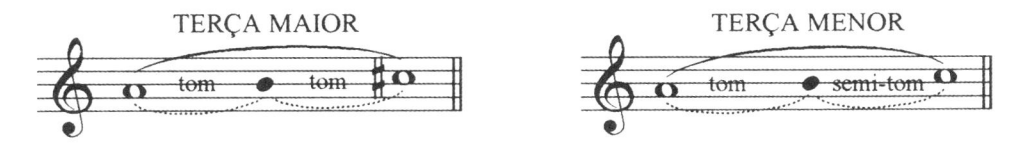

Das escalas

Há dois tipos de escalas: a diatônica e a cromática. A escala é diatônica quando os cinco tons e dois semi-tons que a compõem se seguem regularmente na ordem natural, tanto subindo como descendo.

Ela é cromática quando os cinco tons da escala diatônica se dividem em semi-tons, fazendo então doze na extensão de uma oitava.

Na escala diatônica, os dois semi-tons acham-se do 3° ao 4° grau e do 7° ao 8° nos tons maiores e do 2° ao 3° grau e do 7° ao 8° nos tons menores (quando esta for menor melódica).

ESCALA DE DÓ MAIOR COM OS TONS E SEMI-TONS QUE A COMPÕEM

Esta escala deve servir de modelo para todas as outras no modo maior.

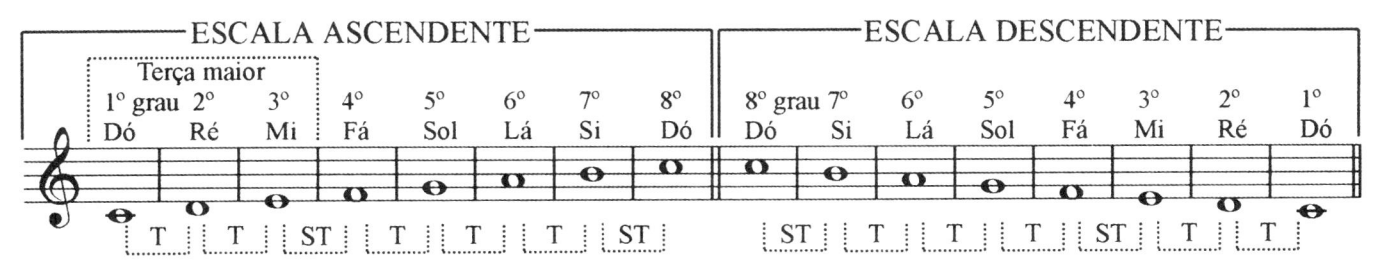

ESCALA DE LÁ MENOR MELÓDICA, COM OS TONS E SEMI-TONS QUE A COMPÕEM

Esta escala deve servir de modelo para as outras no modo menor.

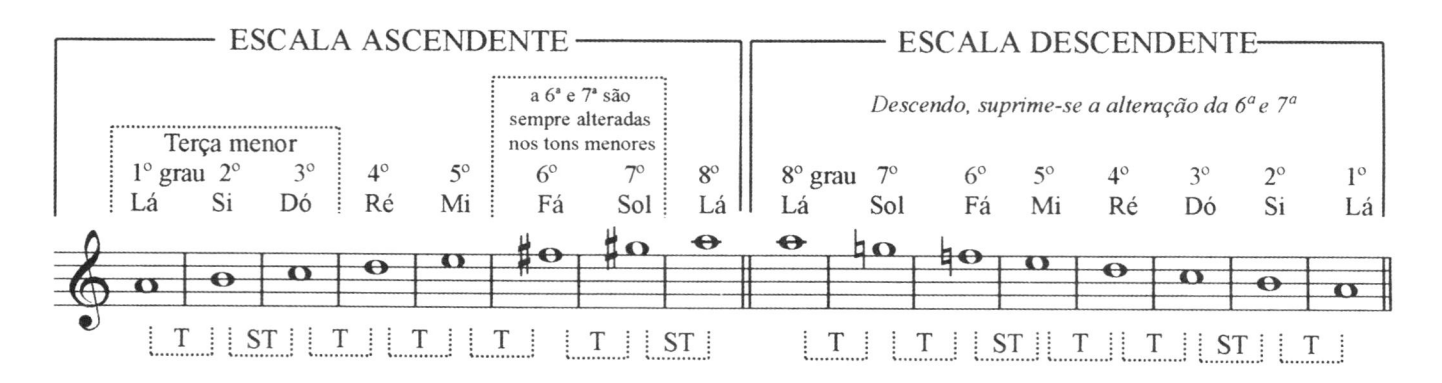

ESCALA ASCENDENTE

Terça menor
1º grau — 2º — 3º — 4º — 5º — 6º — 7º — 8º
Lá — Si — Dó — Ré — Mi — Fá — Sol — Lá

a 6ª e 7ª são sempre alteradas nos tons menores

T — ST — T — T — T — T — ST

ESCALA DESCENDENTE

Descendo, suprime-se a alteração da 6ª e 7ª

8º grau — 7º — 6º — 5º — 4º — 3º — 2º — 1º
Lá — Sol — Fá — Mi — Ré — Dó — Si — Lá

T — T — ST — T — T — ST — T

O tom de uma peça de música é designado pelo número de sustenidos ou bemóis que se acham na clave. Cada tom maior, que chamaremos principal, tem um outro menor que lhe é relativo. Chama-se relativo porque é indicado na clave com o mesmo número de acidentes que o seu principal, exceto o tom de Dó maior e de Lá menor, que nada tem na clave. O tom relativo acha-se uma terceira menor abaixo do seu tom principal, como o demonstra o quadro abaixo.

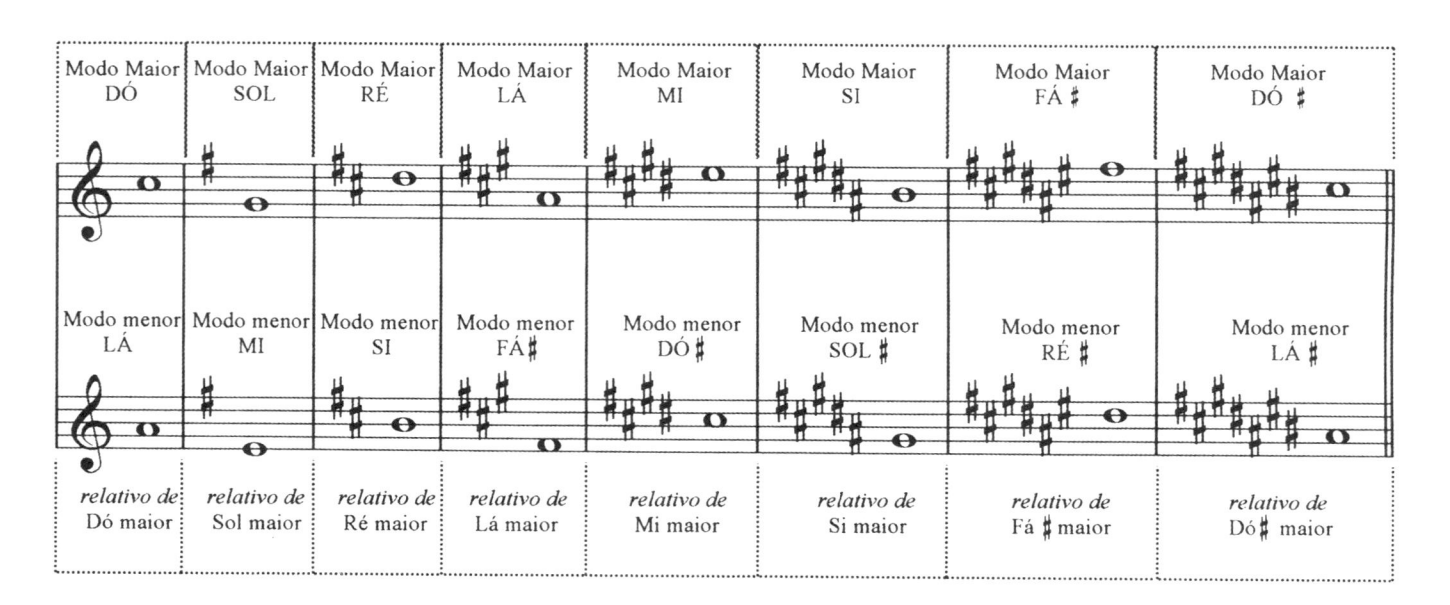

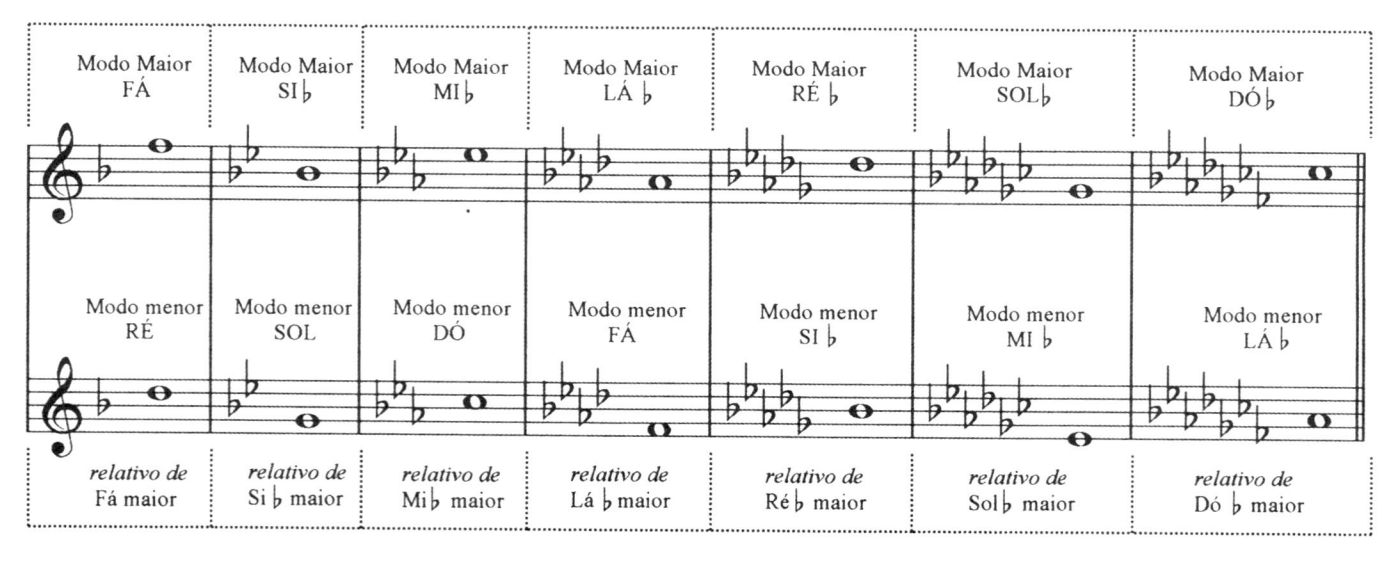

Modo Maior DÓ	Modo Maior SOL	Modo Maior RÉ	Modo Maior LÁ	Modo Maior MI	Modo Maior SI	Modo Maior FÁ #	Modo Maior DÓ #
Modo menor LÁ	Modo menor MI	Modo menor SI	Modo menor FÁ #	Modo menor DÓ #	Modo menor SOL #	Modo menor RÉ #	Modo menor LÁ #
relativo de Dó maior	*relativo de* Sol maior	*relativo de* Ré maior	*relativo de* Lá maior	*relativo de* Mi maior	*relativo de* Si maior	*relativo de* Fá # maior	*relativo de* Dó # maior

Modo Maior FÁ	Modo Maior SI ♭	Modo Maior MI ♭	Modo Maior LÁ ♭	Modo Maior RÉ ♭	Modo Maior SOL ♭	Modo Maior DÓ ♭
Modo menor RÉ	Modo menor SOL	Modo menor DÓ	Modo menor FÁ	Modo menor SI ♭	Modo menor MI ♭	Modo menor LÁ ♭
relativo de Fá maior	*relativo de* Si ♭ maior	*relativo de* Mi ♭ maior	*relativo de* Lá ♭ maior	*relativo de* Ré ♭ maior	*relativo de* Sol ♭ maior	*relativo de* Dó ♭ maior

Das abreviaturas

Quando muitas notas ou grupos de notas tem que ser repetidas usam-se abreviaturas, exemplo:

1º Exemplo   2º Exemplo

No primeiro exemplo a semibreve, tendo o sinal ou o corte de colcheia, deve ser repetida oito vezes, pois que a semibreve vale oito colcheias; a mínima tendo o corte da colcheia deve-se repetir 4 vezes, por ser esse o seu valor em colcheias, a semínima levando os cortes de semicolcheias deve ser repetida 4 vezes, porque a semínima vale quatro semicolcheias, etc.

No segundo exemplo os travessões de abreviaturas precedidos de um grupo de notas significam que é preciso repetir esse grupo tantas vezes quantos são os travessões.

Fermata

A fermata põe-se indistintamente sobre as notas e sobre as pausas e indica que se pode parar ou suspender o movimento ou o compasso à vontade.

Sinais de repetição

O RITORNELLO

Indica a repetição da música contida no lado onde estão os pontos.

DA CAPO ou D.C.

D.C.

Indica que é preciso tornar ao princípio.

Sinais que indicam expressão

piano ou *p*	*pp*	*f*	*ff*	*mf*	*sfz*	*cresc.-rinf.*	*smorz.-dim.*	*rall.-ritard.*	aumentando o som
quer dizer doce	muito piano	forte	muito forte	meio forte	forçando	reforçando	diminuindo	retardando	diminuindo o som

Explicação dos termos italianos que indicam os movimentos

Largo	**Larghetto**	**Cantabile**	**Andante**	**Andantino**	**Allegro**	**Allegretto**
Lento	menos lento que Largo	movimento comodo e um pouco lento	nem muito lento nem muito vivo	menos lento que Andante	alegre	menos vivo que alegre

Grazioso	**Affettuoso**	**Maestoso**	**Moderato**	**Vivace**	**Presto**	**Prestissimo**
graciosamente	afetuosamente	majestosamente	moderadamente	vivo	mais vivo	muito vivo

Primeira Parte

Instruções

O violão tem seis cordas que podem ser feitas de aço ou nylon.
Todas se afinam por quartas ascendentes, a exceção da 2ª que se afina com a 3ª em terça.

1ª Corda	2ª Corda	3ª Corda	4ª Corda	5ª Corda	6ª Corda
MI	SI	SOL	RÉ	LÁ	MI

Para obter um bom posicionamento do instrumento, o pé esquerdo deve estar apoiado sobre um banquinho, ficando assim a perna esquerda mais alta que a direita, o violão repousará sobre a mesma, como demonstra a figura acima.
O braço direito repousa sobre o instrumento, levando-o de encontro ao torax, proporcionando assim que as duas mãos fiquem completamente livres para executar as notas.

Maneira de ferir as cordas

Para ferir as cordas do violão servimo-nos de quatro dedos: do polegar, do indicador, do médio, e do anular; as cordas 6ª, 5ª e 4ª geralmente ferem-se com o polegar; as outras três são vibradas tanto nas escalas, como nas frases de melodia pelo indicador e médio, alternadamente, mudando de dedo a cada nota. O anular é reservado para os acordes e os arpejos compostos de 4, 5 e 6 notas.

O polegar da mão direita quando ataca as cordas grossas deve sempre escorregar sobre a corda imediata a que acaba de ferir e não deve levantar-se senão para ferir uma outra nota, exceto contudo no caso em que a corda sobre que cai deva ser ferida por outro dedo ao mesmo tempo ou logo depois; então o polegar deve-se unir à corda sem tocar em outra qualquer.

Há um grande número de casos em que o polegar é obrigado a ferir as cordas 3ª e 2ª o indicador e médio a 4ª e mesmo a 5ª corda; e estes casos se apresentam muitas vezes nos acordes, arpejos, passagens de terças, sextas e oitavas e ainda mesmo nas frases cantantes; as notas em todos estes casos, devem ser feridas pelo polegar, são escritas com uma haste dupla se elas tocam sós, e com a haste voltada para baixo se as partes são dobradas (vide exemplos).

Maneira de afinar o Violão

Para afinar o violão é necessário servir-se de um diapasão (pequeno instrumento de aço que dá o Lá a todos os instrumentos) ao som do qual se afina a 5ª corda Lá; põe-se depois o dedo sobre a 5ª casa da mesma corda que então dá Ré; afina-se a 4ª corda com este Ré em uníssono; põe-se igualmente o dedo na 5ª casa desta 4ª corda que então dá Sol; e se afina com a 3ª corda em uníssono, isto é no mesmo tom.

Põe-se depois o dedo na 4ª casa da 3ª corda Sol que neste caso dá Si e com ele se afina a 2ª corda também em uníssono. Como a 6ª corda é também Mi afina-se com a primeira duas oitavas abaixo.

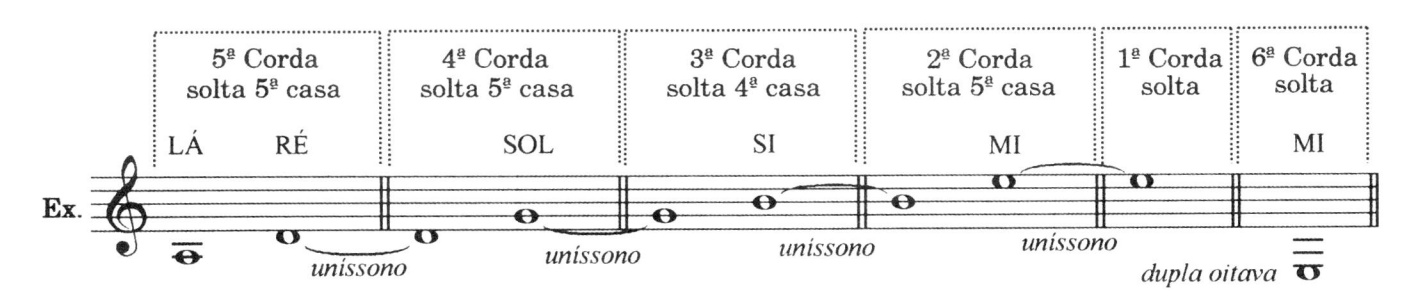

5ª Corda solta 5ª casa	4ª Corda solta 5ª casa	3ª Corda solta 4ª casa	2ª Corda solta 5ª casa	1ª Corda solta	6ª Corda solta
LÁ RÉ	SOL	SI	MI		MI

Depois de ter assim afinado o violão por uníssonos é bom verificar a afinação fazendo ressoar juntas as seguintes oitavas.

As posições são tantas quantas são os pontos do braço; o primeiro dedo é que determina a posição.

Assim se o 1° dedo se achar colocado na 1ª casa, será esta a primeira posição, quando ele avançar à 2ª será a segunda posição e assim por diante.

ESCALA, ensinando as notas na extensão da 1ª Posição

As cifras que se acham sobre as notas indicam os dedos da mão esquerda e as casas ou pontos em que devem pousar.

As cordas soltas são marcadas por um zero (0) o 1° dedo e a 1ª casa por (1) o 2° dedo e a 2ª casa por (2) o 3° dedo e a 3ª casa por (3) e o 4° dedo e a 4ª casa por (4).

Os dedos que devem ser empregados pela mão direita são indicados pelas letras (*p*) polegar, (*i*) indicador, (*m*) médio e (*a*) anular.

ESCALA NATURAL

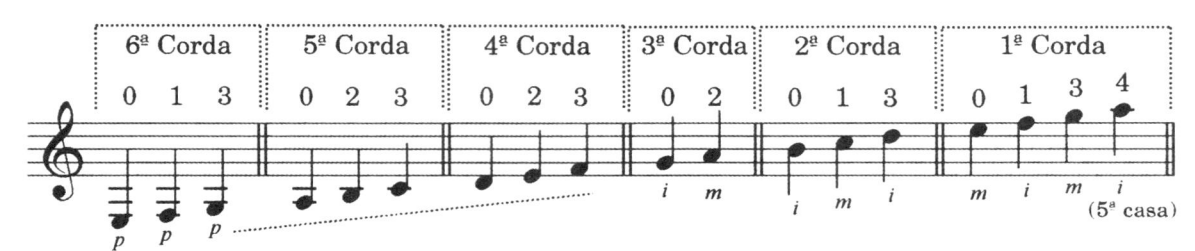

Exercícios para aprender a ler as notas na 1ª posição.

ESCALA para aprender a executar os sustenidos

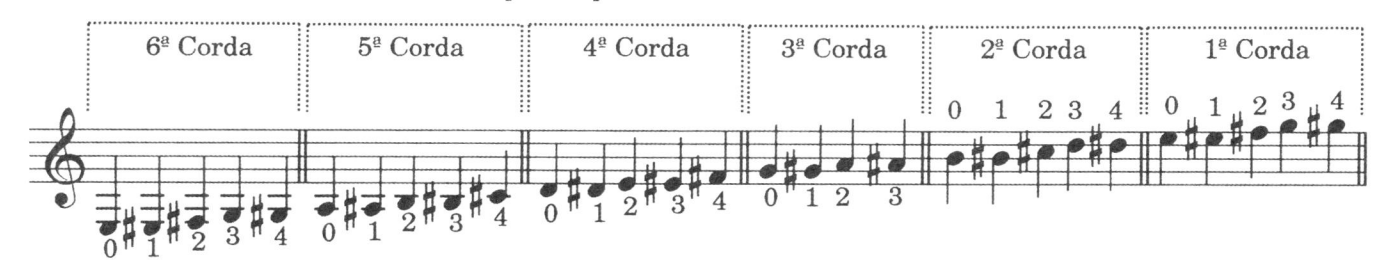

ESCALA para aprender a executar os bemóis

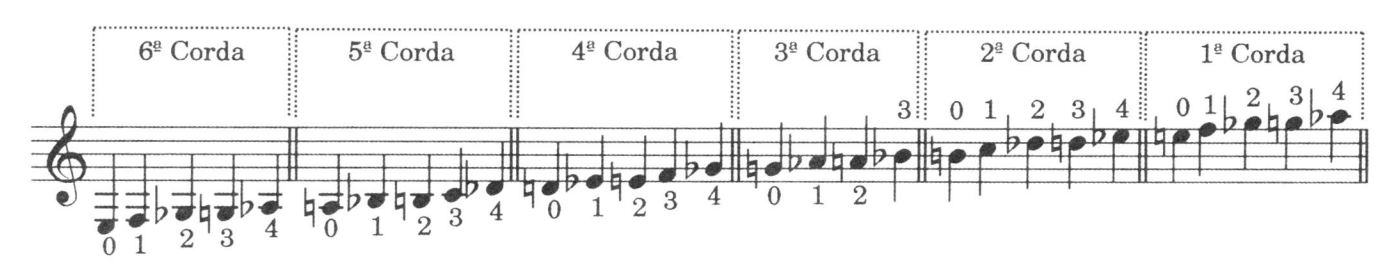

Exercício para se familiarizar com os sustenidos e bemóis.

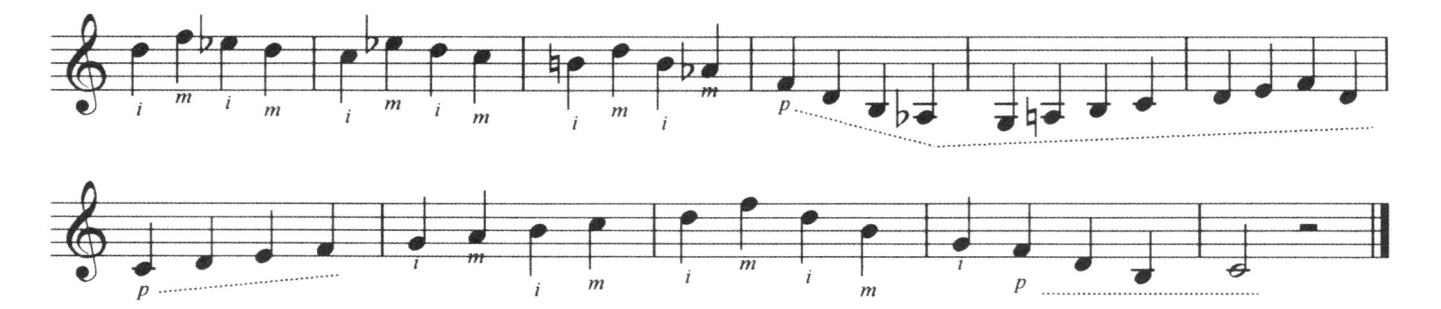

Dos acordes e da maneira de os produzir

Chama-se **acorde** à reunião de muitas notas ouvidas simultaneamente.

Se o acorde que se quer executar é composto de três notas (quaisquer que sejam as cordas em que se execute) deve-se produzi-lo com o indicador, médio e polegar; se for de quatro notas junta-se o anular, e se for de cinco ou seis notas, o polegar fere as duas ou três notas baixas, escorregando por elas, e os outros dedos ferem as outras três cordas.

Afim de que todas as notas de um acorde ressoem bem, necessário é que os dedos da mão esquerda, curvados em forma de martelinho, firmem as cordas nas casas ou pontos e que não embaracem a vibração das outras cordas; depois se colocarão os dedos da mão direita sobre as cordas que devem ferir, de onde não devem ser levantados senão por as cordas em vibração.

Os acordes se fazem sempre um pouco arpejados, isto é ferindo as notas sucessivamente, mas com muita presteza, para que produzam o mesmo efeito que produziriam tocadas ao mesmo tempo.

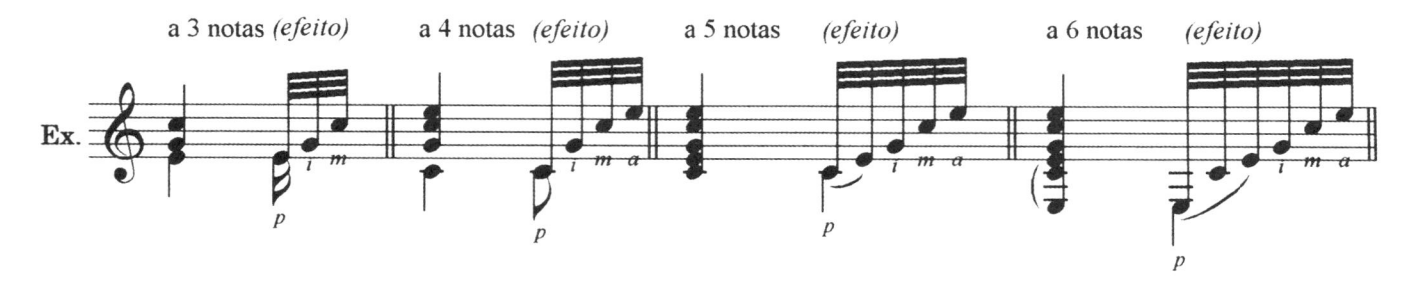

Nos movimentos lentos também os acordes se arpejam lentamente; muitas vezes são indicados com este sinal ($) que se põe ao lado do acorde. Nos movimentos vivos e pronunciados, e que exigem muita força, o mesmo sinal posto ao lado de um acorde, indica que é preciso executá-lo escorregando rapidamente e com força, o polegar sobre todas as notas.

Da pestana

Formar **pestana** é apoiar o primeiro dedo da mão esquerda sobre muitas cordas na mesma casa.

Existem dois tipos de pestana: a grande e a pequena. Na pequena pestana, o primeiro dedo só toma duas ou três cordas. Na grande pestana, o primeiro dedo toma todas as casa.

Para formar facilmente a grande pestana é preciso levantar o punho e deixar cair o polegar para trás do braço do violão. São representadas pelos sinais ₵ (grande pestana) e ¢ (pequena pestana), seguidas por um número que indica a casa a ser executada.

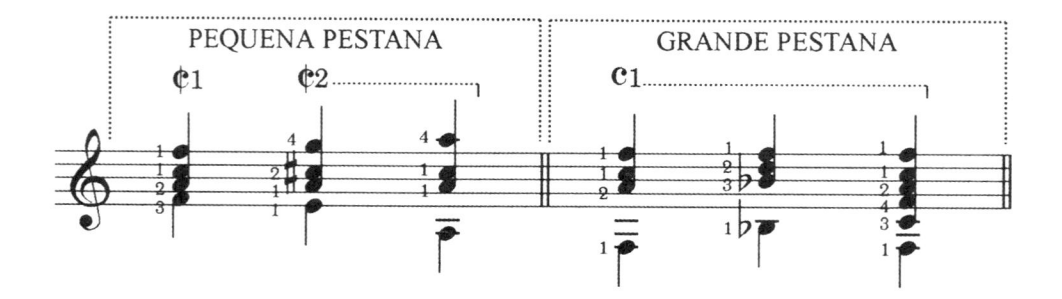

Dos arpejos

Chama-se arpejo um número de notas sucessivamente feridas em sua ordem uniforme, e que reunidas formam os acordes. No violão os arpejos são muito usados, pois nesse instrumento produzem um efeito muito agradável e particular, como estudo eles dão força e agilidade aos dedos da mão direita.

Para se executar bem os arpejos, é preciso, antes de ferir as cordas, que os dedos da mão esquerda sejam postos sobre as notas simultaneamente, formando o acorde sobre o qual se arpeja; e logo que a ultima nota do arpejo seja tocada levantar os dedos para passar ao acorde seguinte.

Esta regra é de rigor; se os dedos deixam as notas apenas tocadas impedir-se-ia a ressonância completa do acorde de que cada nota isolada forma uma parte essencial.

Os dedos da mão direita não devem tocar as cordas senão para as por em vibração, a exceção do polegar cujos movimentos se acham descritos no texto "Maneira de Ferir as Cordas".

Arpejos a três dedos

Os arpejos são aqui apresentados de uma maneira muito abreviada e somente com o fim de começar a educação da mão direita.

É preciso que cada um destes arpejos seja repetido muitas vezes sucessivamente.

Arpejos a quatro dedos

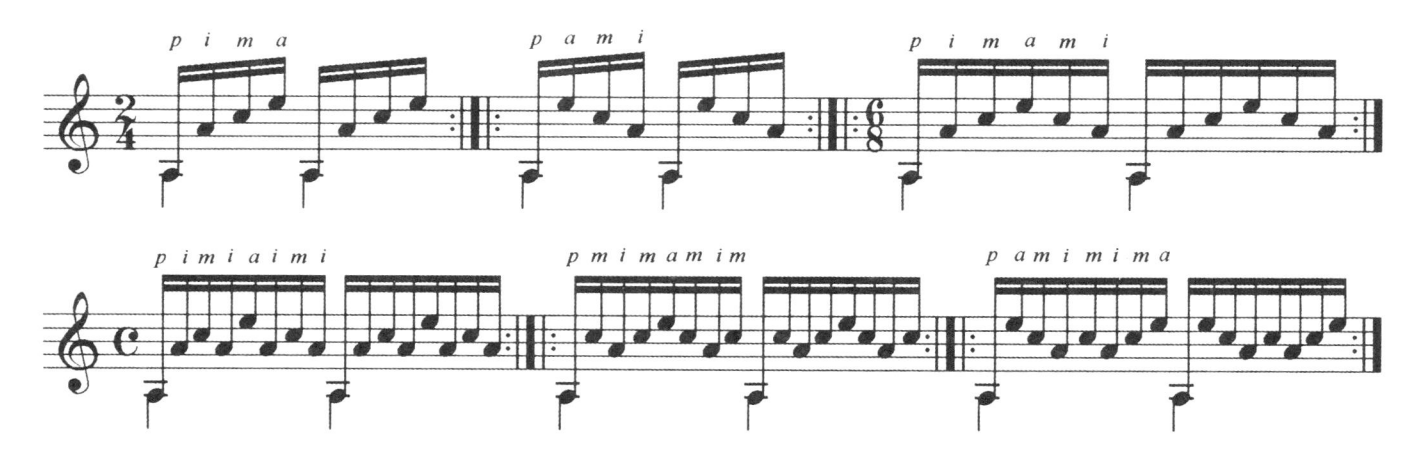

Exercícios para aprender a ferir dois, três e quatro sons simultâneos.

Repetir muitas vezes de seguida cada uma das quatro partes que se seguem, até que se alcance ferir os acordes facilmente e sem ruído.

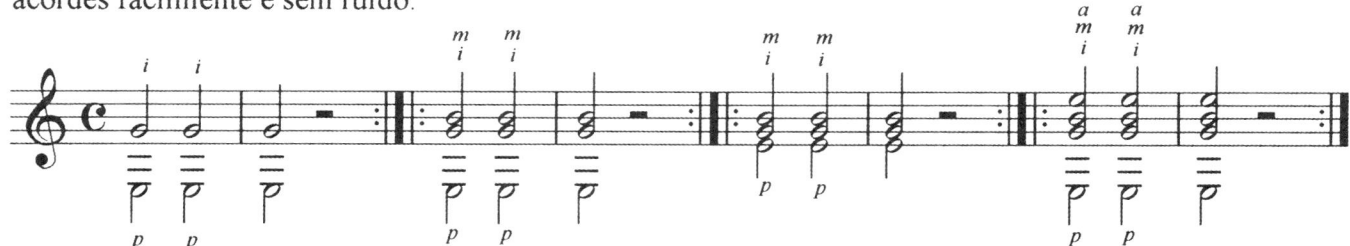

Lição a uma só parte

Lição para aprender a executar a duas partes
Os dedos da mão esquerda conservam sua posição enquanto se repete o mesmo acorde.

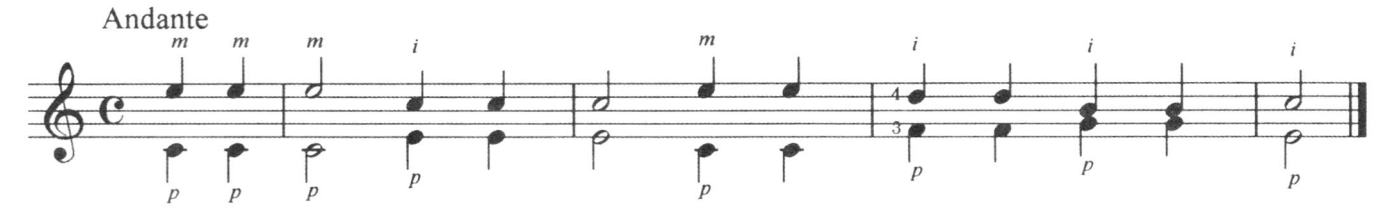

A mesma; o baixo alternando com a parte superior.
A mão esquerda dedilha exatamente como na parte precedente.

Lição para aprender a executar os acordes de três notas

A mão esquerda dedilha como na lição precedente

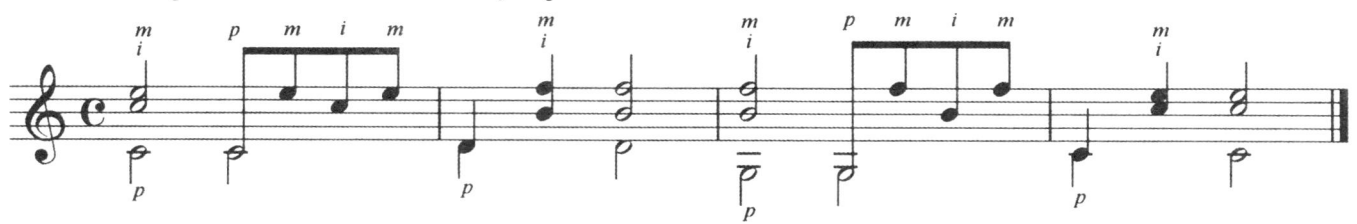

Lição para aprender a executar os acordes de quatro notas

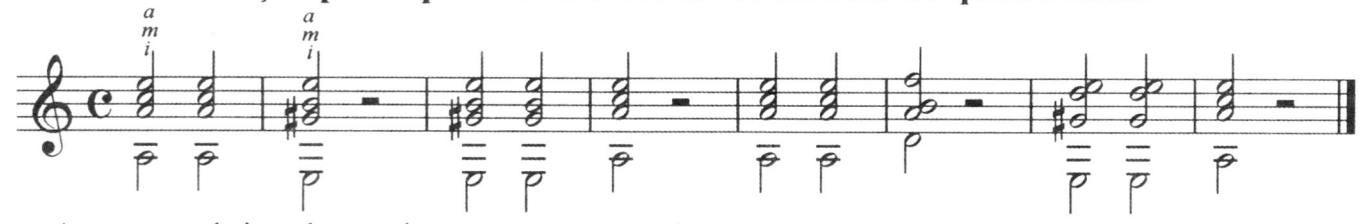

A mesma; o baixo alternando como a parte superior.
A mão esquerda dedilha sempre como na lição precedente.

Estudos dos arpejos mais usados no violão

Estes arpejos são destinados a exercitar a mão direita e a estabelecer as regras gerais que servirão para distinguir o dedilhado desta mão em todas as passagens análogas.

Cada um destes arpejos deve ser repetido muitas vezes seguidas. Logo que o discípulo consiga executá-los corretamente poderá então empreender o estudo dos oito arpejos da próxima etapa, sem contudo abandonar o estudo deste.

Os primeiros acordes que se seguem são a base de onde se tiram os arpejos que vão abaixo deles.

Arpejos a três dedos

Nº 1.

Nº 2.

Nº 3.

Nº 4.

Arpejos a quatro dedos

Nº 5.

Nº 6.

Escorregando o polegar sobre as duas primeiras notas.

A três dedos

Nº 15.

A quatro dedos

Nº 16.

Nº 17.

Escorregando o polegar de corda em corda.

Nº 18.

Nº 19.

Nº 20.

Nº 21.

Nº 22.

Para facilitar o estudo dos oito arpejos que seguem e o jogo da mão esquerda, estão na pauta superior os acordes pousados de onde são tirados os arpejos abaixo transcritos. Desta sorte antes do discípulo executar os arpejos já sabe de onde os acordes são tirados e sobre os quais devem pousar os dedos por um só movimento.

Os pontos que ligam as notas de um acorde ao outro que se lhe segue servem para indicar que o dedo destas notas não tem mudança no acorde seguinte; os dedos que o seguram devem conservar-se imóveis.

Nº 1.

Nº 2.

Nº 3.

Nº 4.

Nº 5.

Nº 6.

Nº 7.

Nº 8.

O Violão pode tocar em todos os tons, mas possui, como todos os instrumentos, seus tons favoritos. Os que melhor lhe convêm são: Dó maior - Sol maior, Ré maior e menor, Mi maior e menor e Lá maior e menor. Os outros são mais difíceis por necessitarem do emprego muito freqüente da pestana; por isso assinalei na primeira parte desta obra as escalas, cadências, exercícios e peças progressivas nos tons mais usados.

Todavia, como penso que é importante conhecer todos os tons e exercê-los, admiti na segunda parte deste método tudo que julguei necessário para se alcançar um feliz resultado.

Escalas, cadências, exercícios, prelúdios.

Para facilitar a execução das escalas, é preciso que os dedos da mão esquerda se conservem assaz separados e colocados de maneira a poder-se elevá-los e abatê-los sobre as cordas sem desarranjar a mão.

Não é preciso levantar o dedo posto sobre uma nota senão para passar a outra, salvo se esta nota se faz solta.

Nas escalas ascendentes, quando se passa duma a outra corda, excusa-se retirar ligeiramente o dedo da corda que se deixa, a fim de evitar a vibração desta corda solta.

Nos prelúdios e pequenas peças que se seguem ter-se-á cuidado de observar o tenuto das notas tanto no baixo, como nas outras partes; esta observação é necessária para conseguir um jogo cheio e harmonioso.

No Tom de Dó Maior

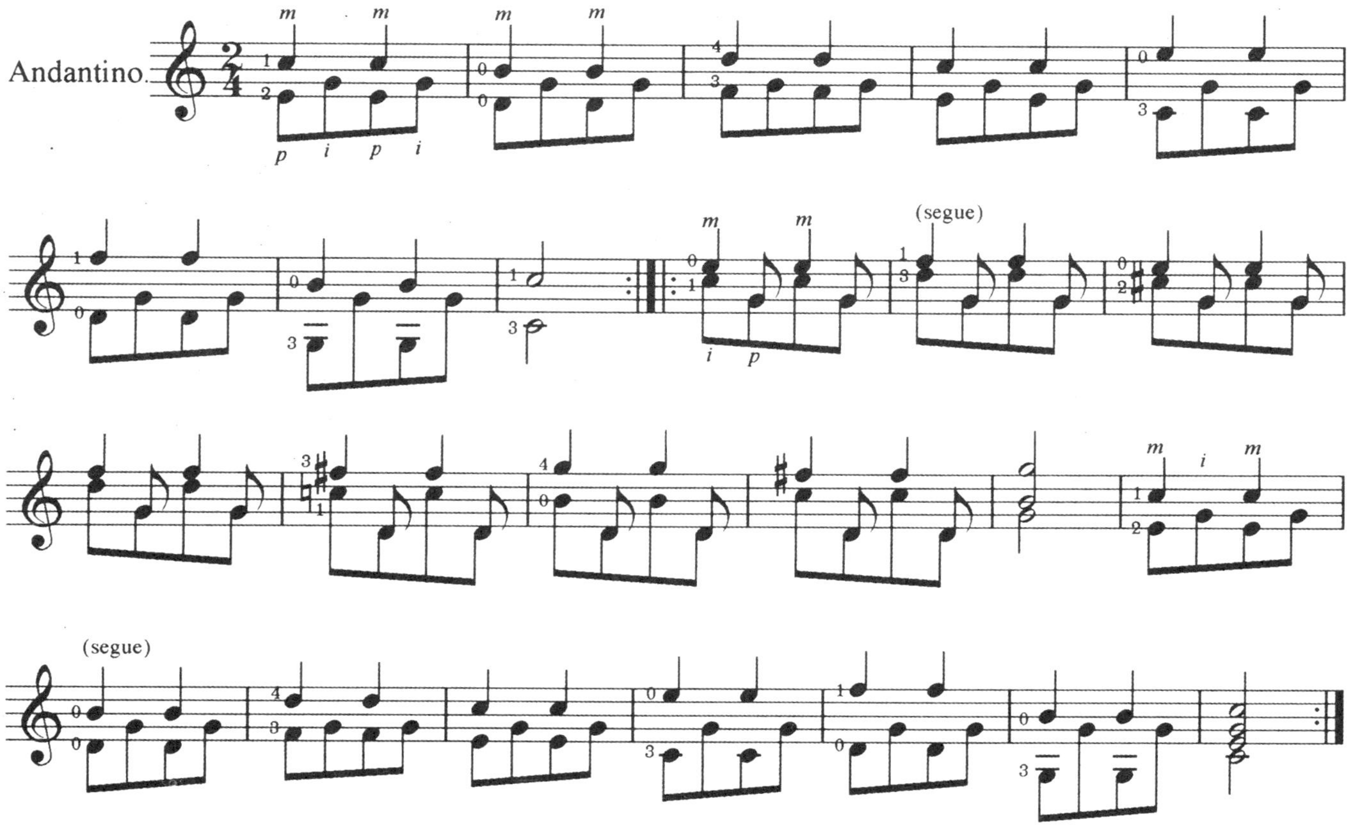
Andantino.
(segue)
(segue)

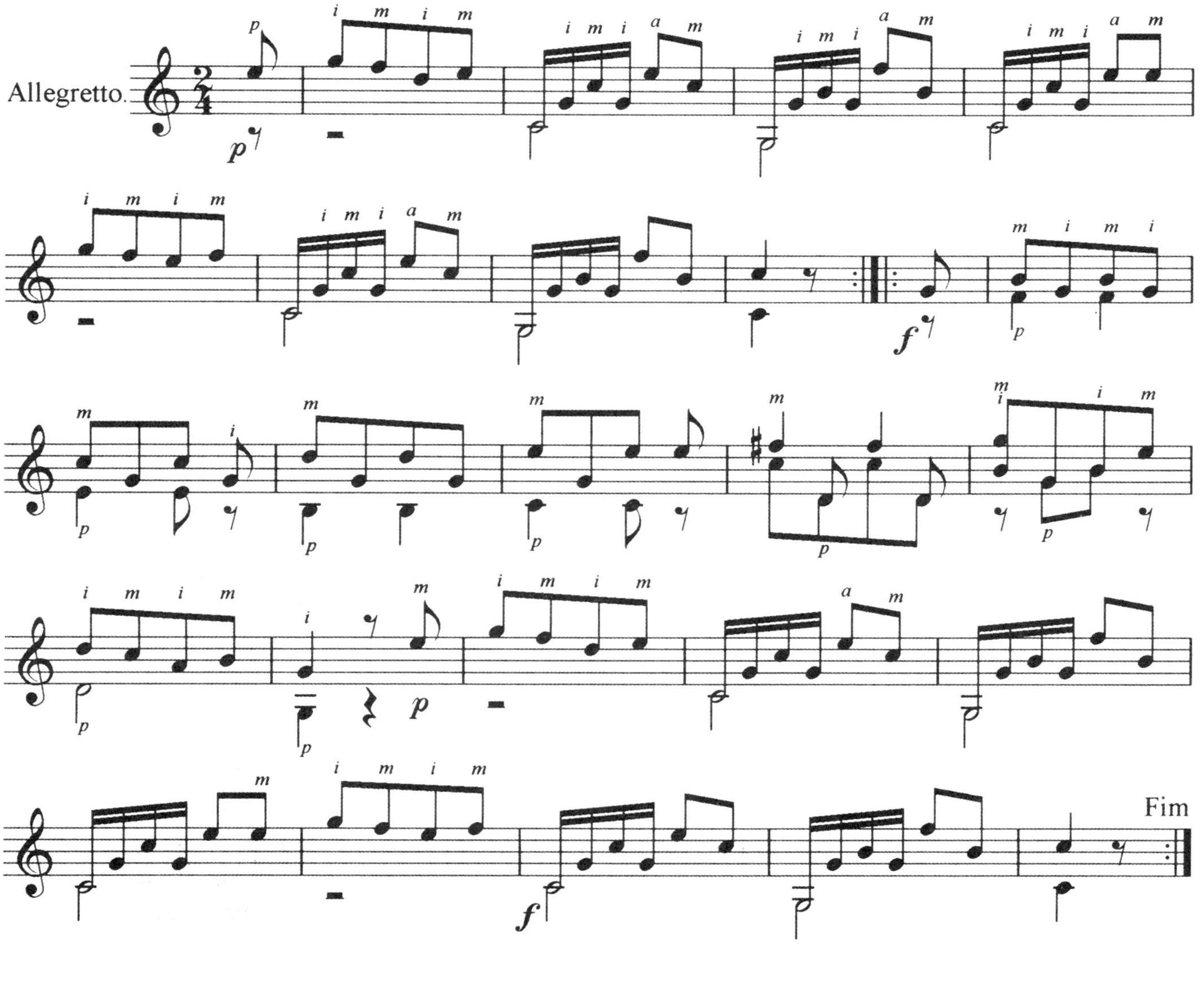
Allegretto.
Fim

No Tom de Sol Maior

Escala.

Cadência.

Exercício.

Prelúdio.

Andantino mosso

No Tom de Ré Maior

Para facilitar o dedilhado na escala do tom de Ré, é preciso tocá-la na 2ª posição.

Escala.

Cadência.

Exercício.

Prelúdio.

Quando se encontram duas notas juntas sobre a mesma corda faz-se a mais alta no seu lugar ordinário, e a mais baixa sobre a corda seguinte.

Exemplo

Faz-se o Ré sobre a 2ª Corda e o Si sobre a 3ª Corda na 4ª casa.

Faz-se o Sol sobre a prima e o Mi sobre a 2ª Corda na 5ª casa.

Andantino

No Tom de Lá Maior

Exercício.

Prelúdio.

Valsa.

Allegretto.

No Tom de Mi Maior

No Tom de Fá Maior

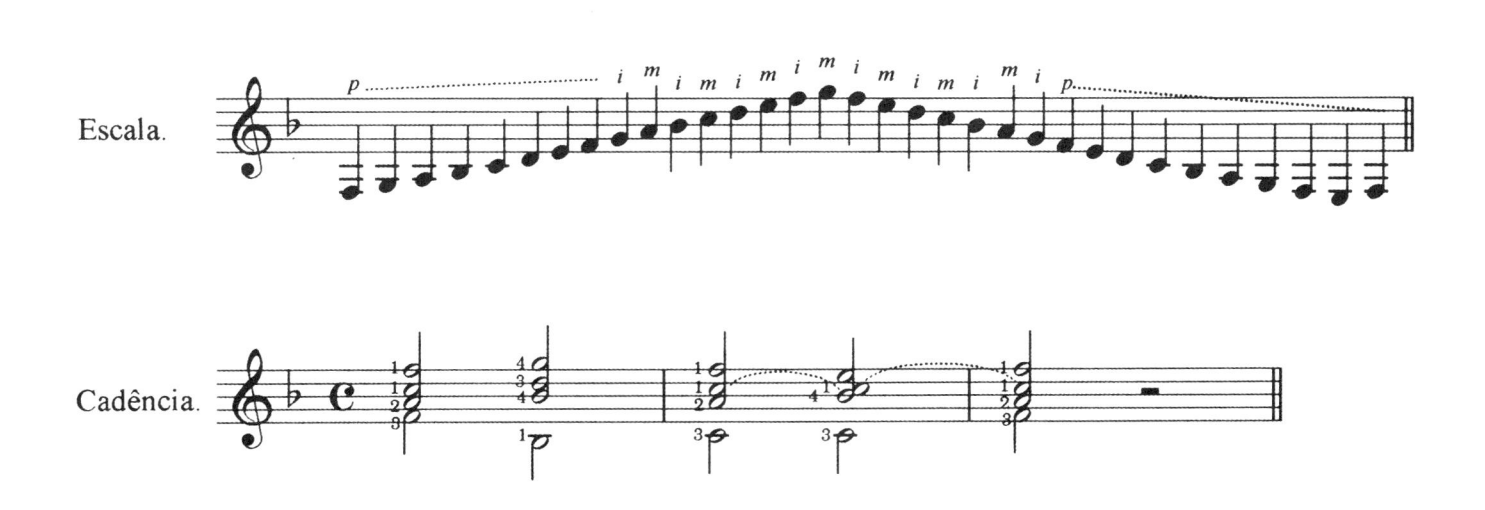

Escala.

Cadência.

Exercício.

Prelúdio.

Marcha. Maestoso

No Tom de Lá menor

Cadência.

Exercício.

Prelúdio.

Andante.

No Tom de Mi menor

Escala.

Cadência.

Exercício.

Prelúdio.

Allegretto.

No Tom de Ré menor

Escala.

Cadência.

Exercício.

Prelúdio.

Andante.

A música de Violão exige quase sempre muitas partes, que apresentam dificuldade na execução, se não se adquiriu vantajosamente o hábito de dirigir cada dedo da mão esquerda, independentemente.

Para alcançar este fim são muito convenientes os seguintes exercícios. Cada um deles deve ser repetido cinco ou seis vezes consecutivas. O discípulo poderá ao mesmo tempo que trabalha estes exercícios empreender o estudo das primeiras peças da terceira parte e poderá também executar os Estudos Op. 60, contidos no final deste método.

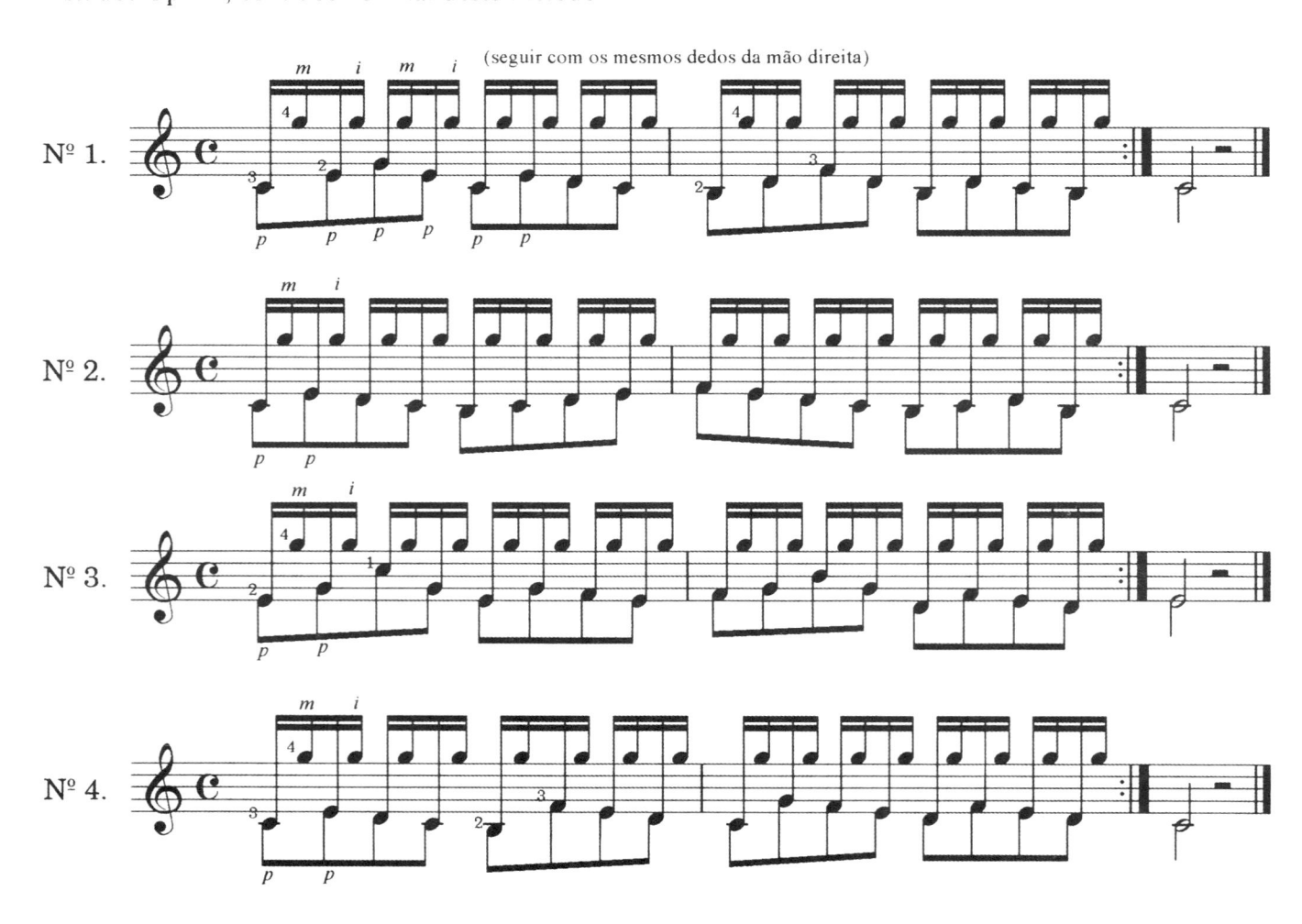

EM SOL

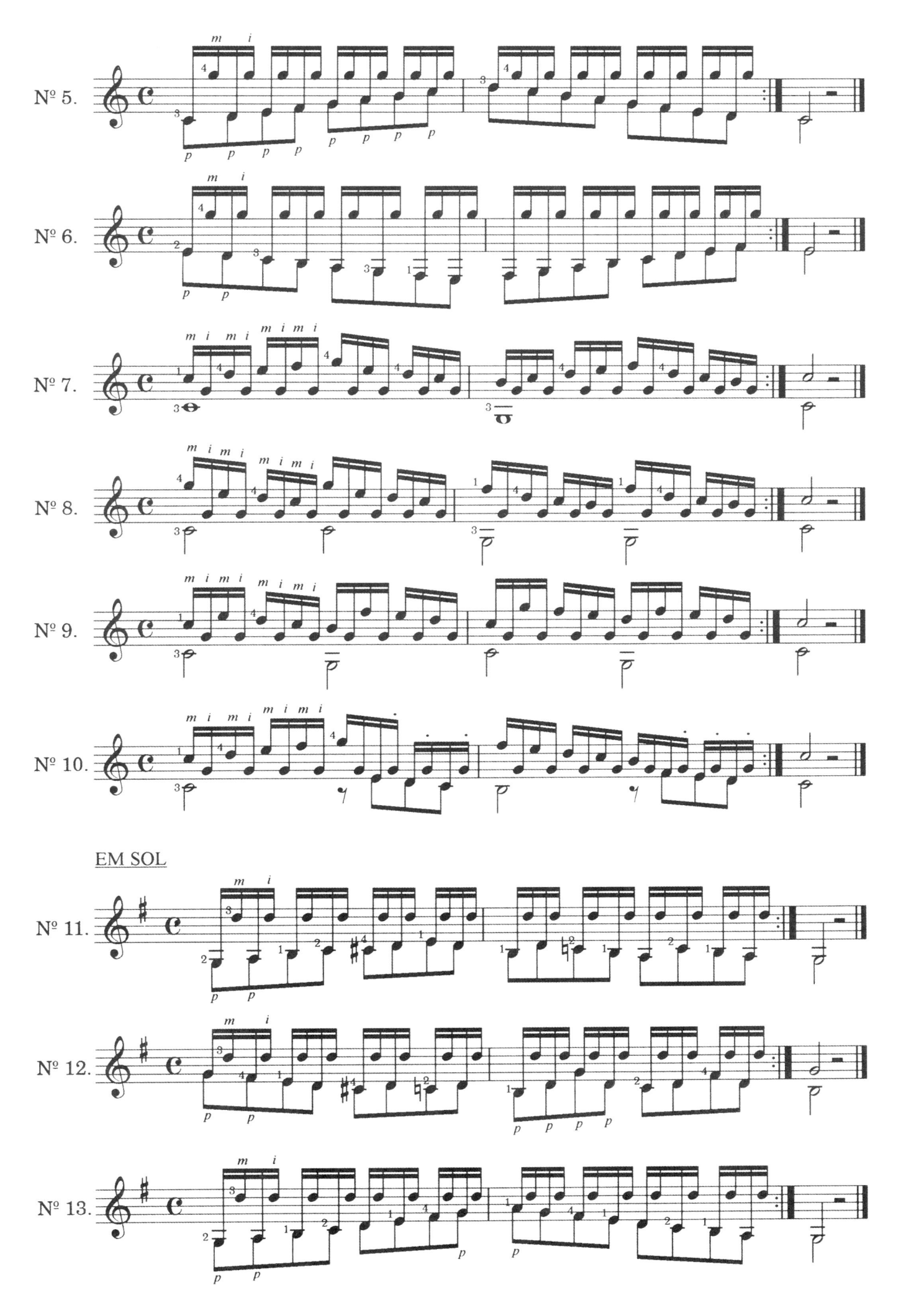

Nº 14.

EM RÉ

Nº 15.

Nº 16.

Nº 17.

Nº 18.

EM LÁ

Nº 19.

Nº 20.

Nº 21.

Nº 22.

Segunda Parte

Das notas ligadas

Chamam-se notas ligadas duas ou mais notas produzidas sucessivamente e de que só a primeira é vibrada pela mão direita, e as outras unicamente pela pressão dos dedos da mão esquerda.

As notas ligadas se fazem subindo e descendo. Para executar a ligadura de duas notas subindo, fere-se a nota grave e deixa-se imediatamente cair o dedo da mão esquerda, em forma de martelo, e com bastante força, sobre a nota aguda, que deve ressoar pela impulsão deste dedo.

Descendo, fere-se a nota aguda, retirando logo o dedo que a comprimia um pouco de lado de maneira a ferir levemente a corda e se faz ressoar a nota grave; se esta nota não é corda solta, precisa ser preparada antes de se ferir a nota aguda.

A ligadura é indicada por este sinal ⌒ posto sobre as notas que se devem ligar.

Ligaduras de duas notas subindo e descendo

Tocar o Mi e apoiar o 1º dedo sobre o Fá

Tocar o Fá e retirar o dedo para se ouvir o Mi

Ex.

Tocar o Si e apoiar o 3º dedo sobre o Dó

Tocar o Sol e retirar o dedo para se ouvir o Fá

Ex.

(Preparar o Fá antes de ferir o Sol)

Também se fazem ligaduras de duas notas descendo sobre duas cordas diferentes, as quais se chamam ligaduras por vibração. Para as executar, fere-se a nota aguda que neste caso é quase sempre corda solta e depois bate-se fortemente com o dedo da mão esquerda a nota que deve ser ligada, e que ressoa pelo impulso deste dedo.

Subindo produz-se também o efeito da ligadura, escorregando o polegar da mão direita de uma a outra corda; neste caso é preciso atacar a primeira nota um pouco forte e escorregar delicadamente o polegar sobre a nota vizinha.

Tocar o Mi e bater com o 3º dedo no Ré

Escorregar o polegar

Ex.

Vibração

Exercício.

Andante.

Fim

Do 𝄋
ao Fim

Allegretto non troppo

Ligaduras de três e quatro notas

As ligaduras de três a quatro notas obtem-se pelo mesmo meio que as de duas notas, isto é, pondo em vibração a primeira nota com a mão direita, e apoiando ou retirando sucessivamente seguindo a ligadura ascendente ou descendente, tantos dedos da mão esquerda quantas são as notas a ligar.

Descendo é preciso preparar sempre as notas a serem ligadas, exceto as que se fazem em corda solta.

Ligaduras de três notas

Tocar o Mi e apoiar sucessivamente o 1º dedo sobre o Fá e o 3º sobre o Sol.

Toca o Sol e retira sucessivamente os dedos para sair o Fá e o Mi.

Ligaduras de quatro notas

Pode igualmente executar a escala em notas ligadas, tanto subindo com descendo. Na seguinte escala põe-se a corda solta em vibração com o polegar escorregando de corda em corda.

Na seguinte fere-se a 1ª nota e liga-se o resto todo.

Também se ligam as notas dobradas mas somente de duas em duas.

Do som portado ou arrastado

O som portado, ou arrastado, executa-se por um só dedo da mão esquerda que escorrega pelo braço do instrumento passando por todas as casas da primeira à segunda nota, depois de haver atacado com a mão direita a primeira das duas notas. O portamento produz um bom efeito sobre o violão, porque imita o som portado da voz; ele se indica por este sinal:

Escorregar o 2º dedo do Fá ao Lá

Escorregar o 3º dedo do Ré ao Si

Faz-se também o portamento em notas dobradas.

Das appoggiaturas

Dá-se este nome a pequena nota que muitas vezes toma a metade do valor da nota que a precede. Neste caso é a appoggiatura longa e quando ela só tem uma curta duração chama-se appoggiatura breve.

Para distinguir a appoggiatura breve da longa escreve-se uma colcheia cortada transversalmente por uma linha. As appoggiaturas executam-se como as ligaduras, dando impulso à mão direita para ferir a pequena nota e fazendo soar a nota principal com o dedo da mão esquerda.

Quando uma nota ordinária, precedida d'uma appoggiatura é acompanhada de uma ou muitas partes é preciso ferir a pequena nota com acompanhamento e ligar imediatamente a nota principal.

APPOGGIATURAS LONGAS   APPOGGIATURAS BREVES

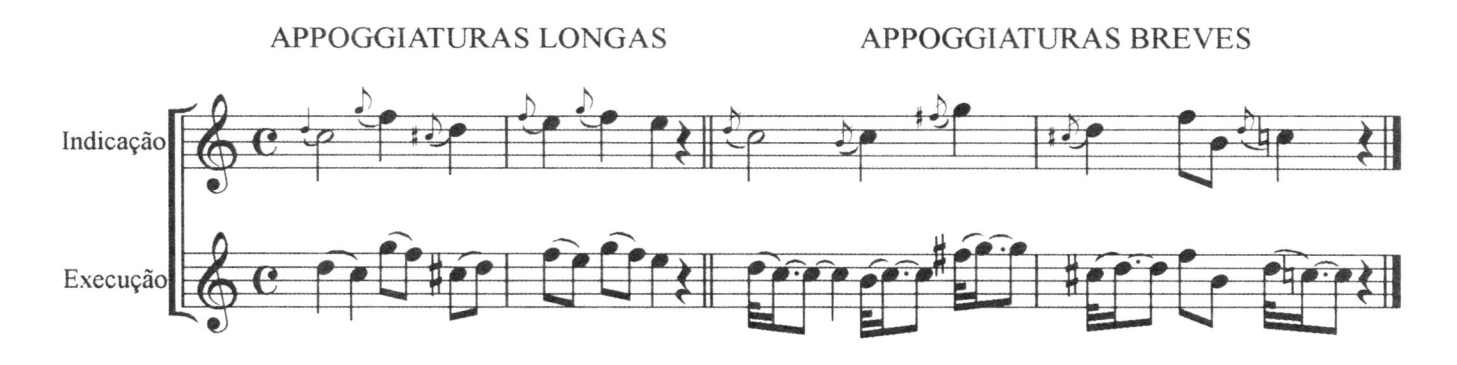

Indicação

Execução

Appoggiaturas feridas com as notas do acompanhamento.

Ind.

Exec.

Appoggiaturas dobradas

As appoggiaturas dobradas executam-se da mesma forma que as ligaduras de duas notas, porém com mais presteza, porque as notas ligadas se lhes dá todo o valor que representam, enquanto as appoggiaturas são executadas à sombra do valor das notas principais.

Indicação

Excecução

Pequenas peças para se exercitar nas appoggiaturas.

Moderato

Andantino

Do gruppetto

Chama-se assim um grupo de pequenas notas composto da nota principal e da auxiliar superior e inferior; ele é indicado e executado de três maneiras.

1ª   Começando pela nota principal com uma pequena nota. **A** (♪ ∾)
2ª   Pela auxiliar superior. **B** (∾)
3ª   Pela auxiliar inferior. **C** (∾)

EXEMPLO: A   B   C

O gruppetto começando pela nota superior

Pela auxiliar superior

Pela auxiliar inferior

Se uma nota do gruppetto tem de ser alterada por sustenido ou bemol, indica-se assim pela superior (♭∾) e pela auxiliar inferior (∾♯).

Com a superior alterada.   Com a inferior alterada.

Quando o gruppetto se acha entre duas notas, começa-se pela auxiliar superior.

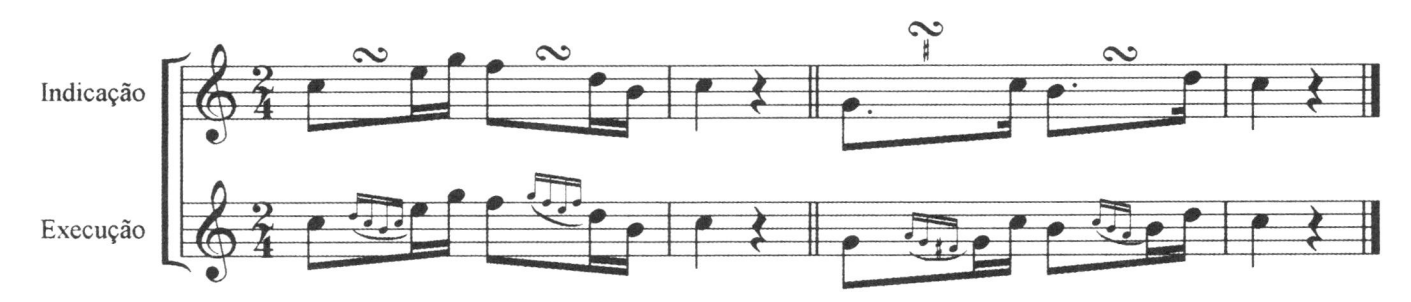

Do trilo ou trinado

O trilo ou trinado é uma nota que segundo o seu valor alterna com uma outra nota mais ou menos tempo e com presteza; esta nota acha-se um tom ou semi-tom mais alta e chama-se nota auxiliar. O trilo deve geralmente começar pela nota principal e com ela acabar. Cada trilo deve ter uma conclusão; esta conclusão faz-se um tom ou semi-tom abaixo seguido da nota principal. (vide exemplos abaixo)

SOBRE O VIOLÃO FAZ-SE O TRILO DE TRÊS MANEIRAS

1ª Tocando a primeira nota e ligando o resto do trilo.
2ª Ferindo a nota principal e ligando a auxiliar.
3ª Preparando as duas notas sobre duas cordas diferentes com a mão esquerda, e ferindo-se com dois ou três dedos da mão direita.

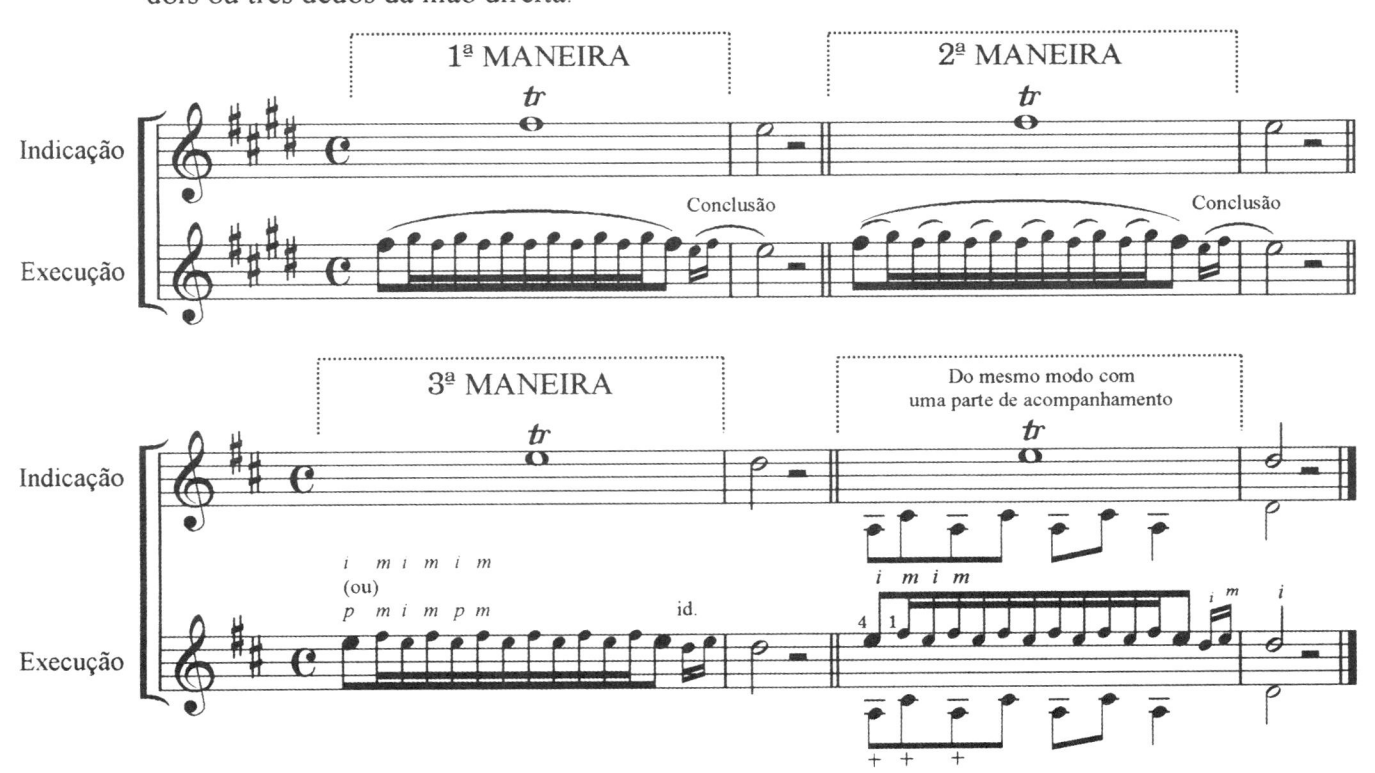

Quando a curta duração da nota sobre a qual se faz o trilo ou a nota seguinte obstam fazer-se a conclusão, não é então um trilo, mas simplesmente uma nota trilada.

Sinais usados

Indicação

Execução

Indicação

Execução

Do mordente

Este ornamento é um fragmento do trilo. Faz-se sobre as notas longas e curtas; nestas últimas produz sobre tudo um efeito seguro. Indica-se por este sinal (～).

Indicação

Mordente sobre duas notas longas.   Mordente sobre duas notas curtas.

Execução

Andantino

Sons abafados

Para abafar os sons é suficiente colocar os dedos da mão direita sobre as cordas que acabam de ferir, depois de as ter deixado vibrar, durante o valor que representam.

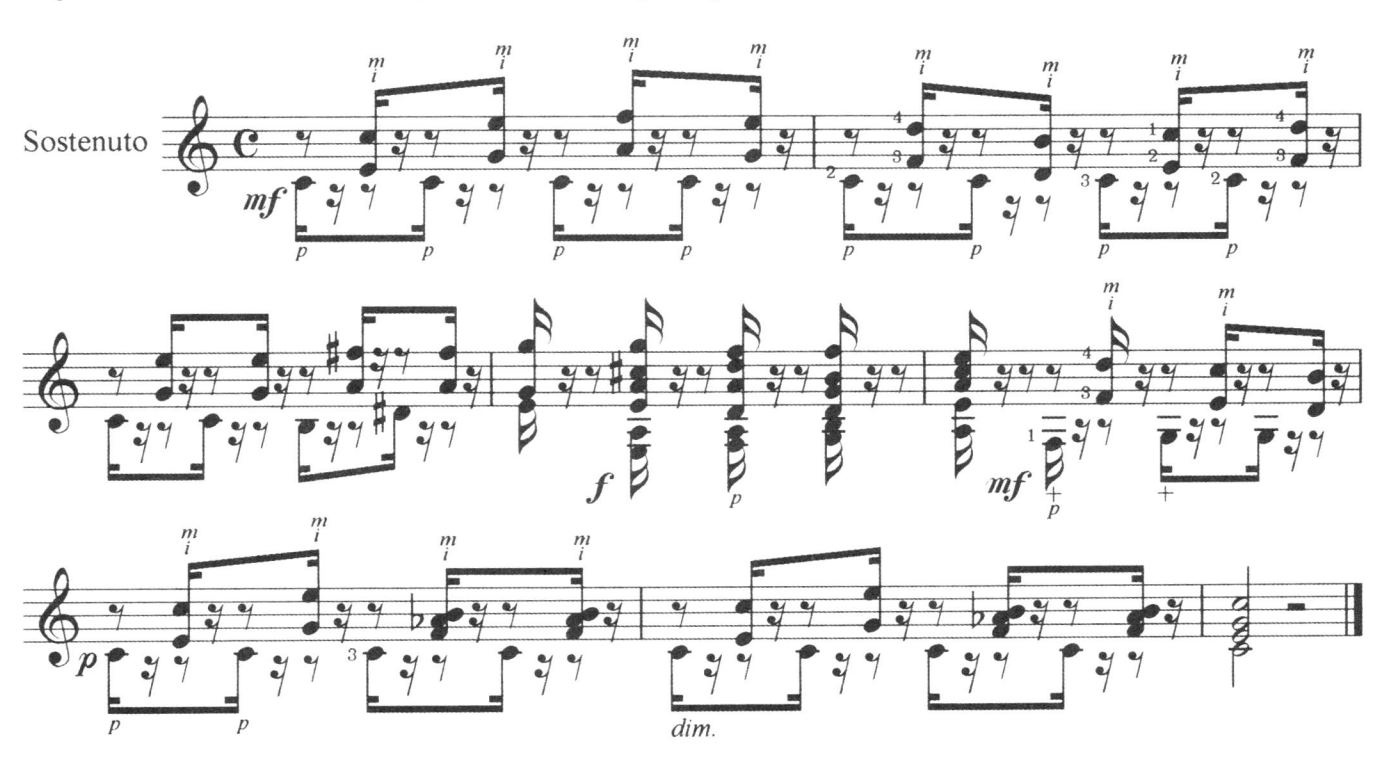

Posições

Contam doze posições sobre o braço do violão; destas só cinco se denominam principais, por serem as mais usadas e porque o seu conhecimento é suficiente para dar base para as outras.

Estas posições são a 1ª, 4ª, 5ª, 7ª e 9ª.

O estudo das escalas, exercícios e das peças que se seguem a estas diferentes posições será bastante para alcançar este resultado.

Escala na quarta posição

Exercício.

Valsa.

4ª Posição

Fim

Do 𝄋 ao Fim

Escala na quinta posição

| 6ª Corda | 5ª Corda | 4ª Corda | 3ª Corda | 2ª Corda | 1ª Corda |

Exercício.

Andantino mosso — 5ª Pos.

Fim

Do 𝄋 ao Fim

Escala na sétima posição

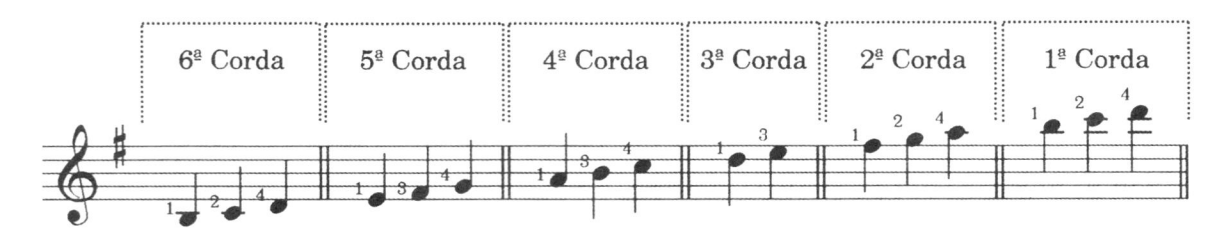

Exercício.

Allegretto

Escala na nona posição

Exercício.

Prelúdio.

Há casos em que se aproveita uma nota executada em corda solta para passar com mais facilidade de uma a outra posição; esta nota é indicada por um zero (0) que se coloca sobre a nota.

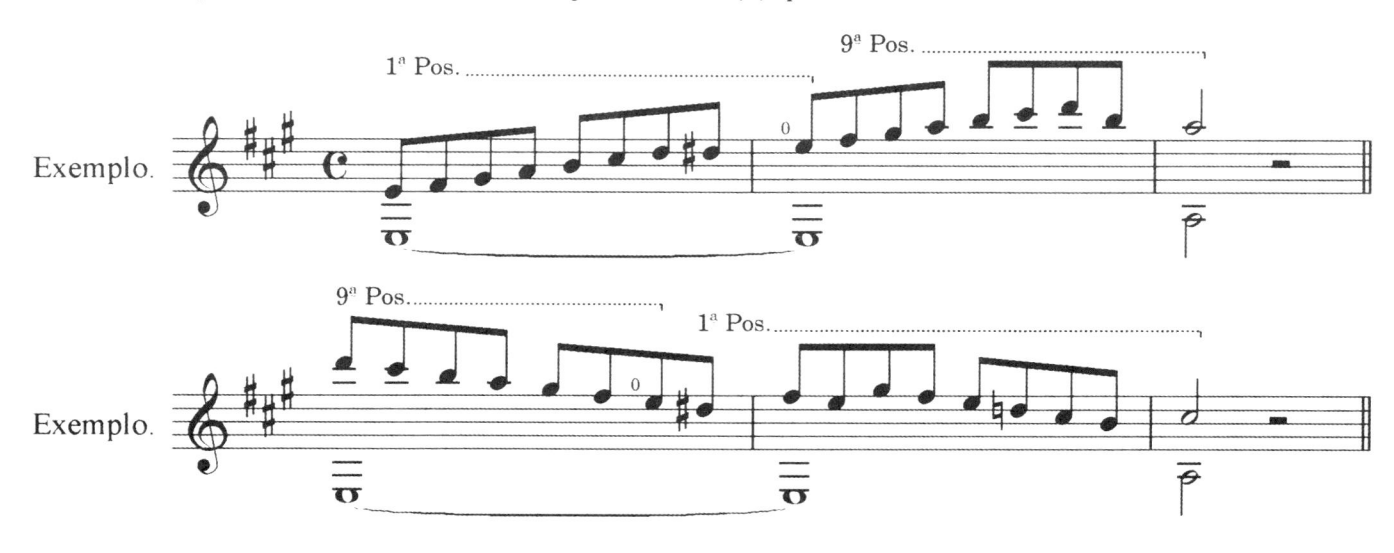

Exemplo.

Exemplo.

Algumas vezes numa posição o 1º dedo recua uma casa, sem que por isto a mão deixe esta posição.

A peça que segue é destinada a percorrer as diferentes posições.

Das notas dobradas

Sobre o violão fazem-se passagens de notas dobradas assim como terças, sextas, oitavas e décimas. Para facilitar sua execução é necessário tanto quanto for possível, escorregar os dedos na passagem de uma à outra casa.

Nos primeiros exercícios, os dedos que devem escorregar são marcados por pequenos traços de união entre as cifras para indicar o dedilhado da mão esquerda.

Escala em terças

Exercício.

Escala em sextas

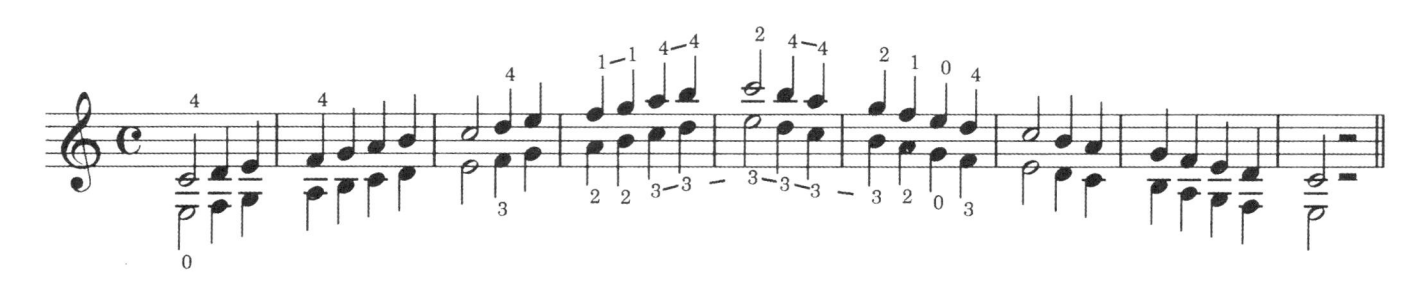

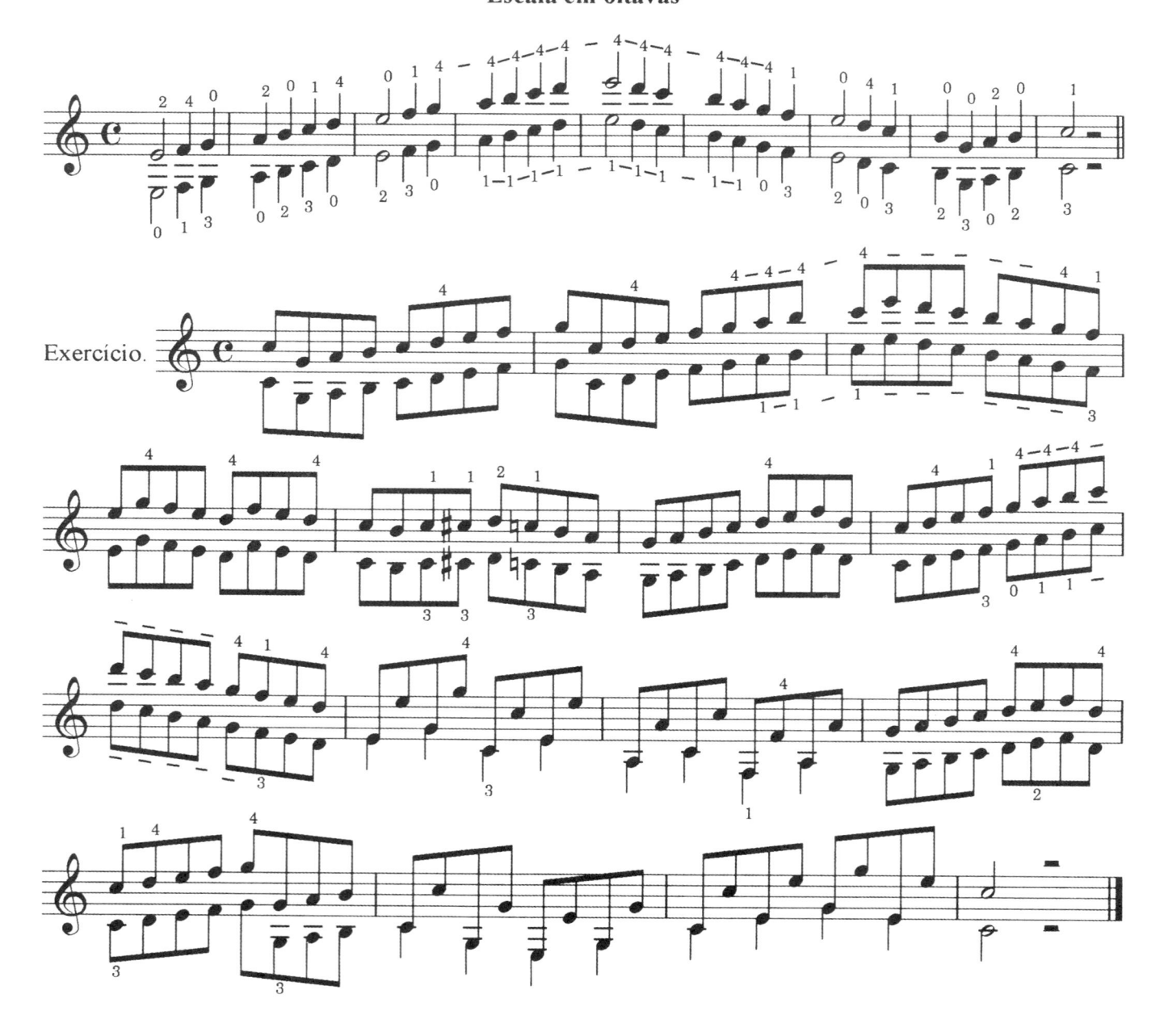

Exercício.

Escala em oitavas

Exercício.

Escala em décimas

Exercício.

Fim

Do 𝄋 ao Fim

Estudo

Andantino *pf*

Estudo

Moderato

Estudo

Andante

Muitas vezes acontece encontrar-se com as passagens de terças, sextas e décimas, uma outra parte contínua de acompanhamento, que se torna ora superior, ora intermediária afim de produzir efeitos particulares ao violão. Esta parte deve ser sempre executada sobre uma corda solta, ainda mesmo que as outras partes sejam mais agudas; neste último caso dedilha-se sobre as cordas imediatamente superiores à corda solta.

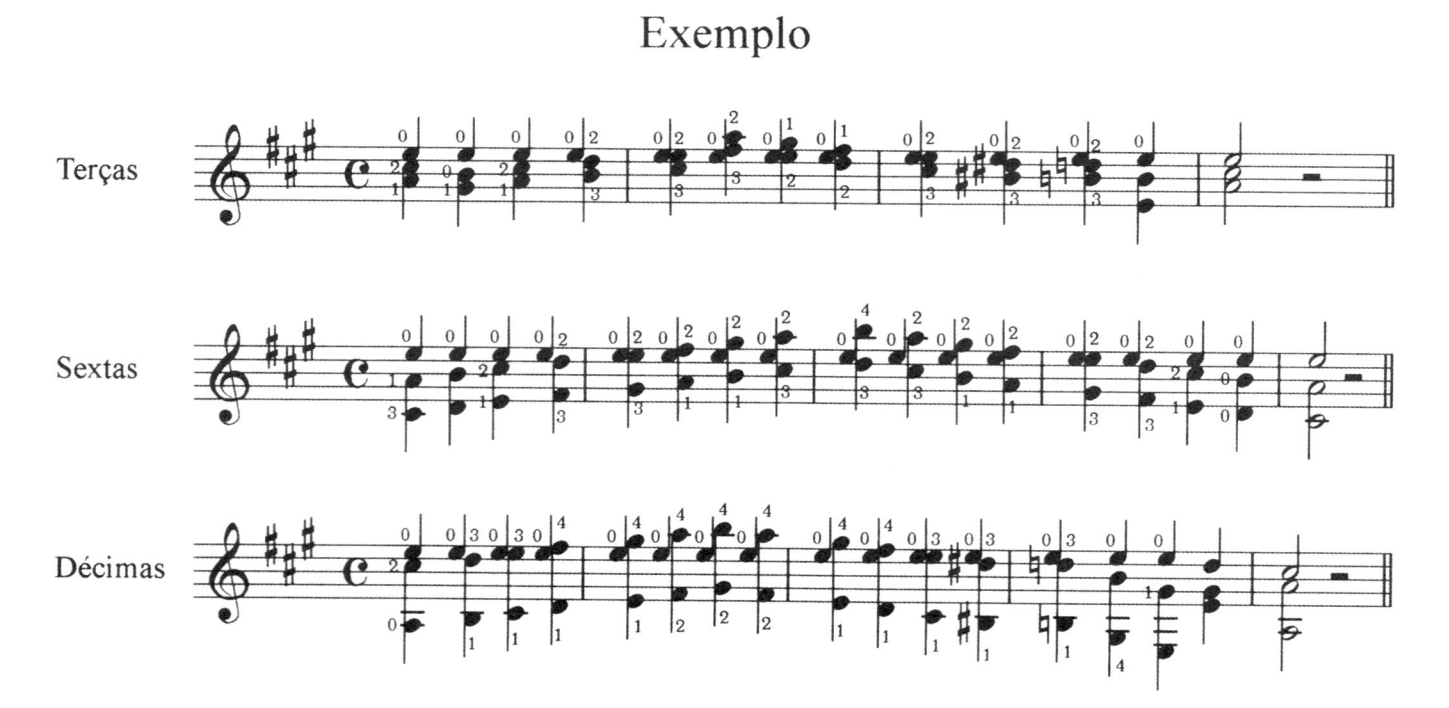

Exemplo

Terças

Sextas

Décimas

Estudo

Escalas, cadências, exercícios, prelúdios.

Nos tons maiores e menores, quase omitidos na 1ª Parte.
Os seguintes exercícios são indispensáveis aos que querem fazer um estudo profundo do Violão.

Escala no tom de Si menor

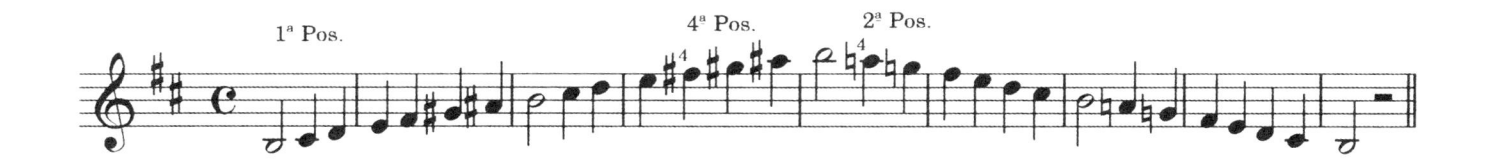

Cadência

Exercício

Prelúdio

Escala no tom de Fá ♯ menor

Cadência

Exercício

Prelúdio

Escala no tom de Si maior

Cadência

Exercício

Prelúdio

Escala no tom de Dó ♯ menor

Escala no tom de Sol ♯ menor

Cadência

Exercício

Prelúdio

Escala no tom de Fá ♯ maior

Também serve para o tom de *Sol bemol maior* com seis bemóis.

Escala no tom de Si♭ maior

Cadência

Exercício

Prelúdio

Escala no tom de Sol menor

Cadência

Exercício

Prelúdio

Escala no tom de Dó menor

Cadência

Exercício

Prelúdio

Escala no tom de Lá♭ maior

Sons harmônicos

Produzem-se os sons harmônicos pousando um dedo da mão esquerda sobre todas as cordas do violão em certas divisões somente.

É preciso que o dedo pouse levemente mas com força suficiente para impedir que a corda se faça ouvir solta, e se levante logo depois de ter ferido a corda um pouco forte junto ao cavalete.

Os sons harmônicos obtem-se de uma oitava superior à nota marcada, que se fazem nas seguintes casas: **12ª**, **7ª**, **5ª**, **4ª** e **3ª**, conforme demonstra o quadro abaixo.

Exercícios nos sons harmônicos

As cifras superiores indicam as casas e as inferiores as cordas.

Pode-se também executar em sons harmônicos todas as notas do diapasão do violão. Para o conseguir, dedilha-se com os dedos da mão esquerda a nota que se quer tornar harmônica como se fosse executar uma nota ordinária, depois pousa-se a extremidade do indicador da mão direita na **12ª Casa** correspondente à nota dedilhada pela mão esquerda e separando o polegar do indicador, que ligeiramente pousa sobre a corda e então fere-se a corda e ela ressoará harmônicamente.

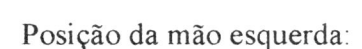

Terceira Parte
15 Peças Progressivas

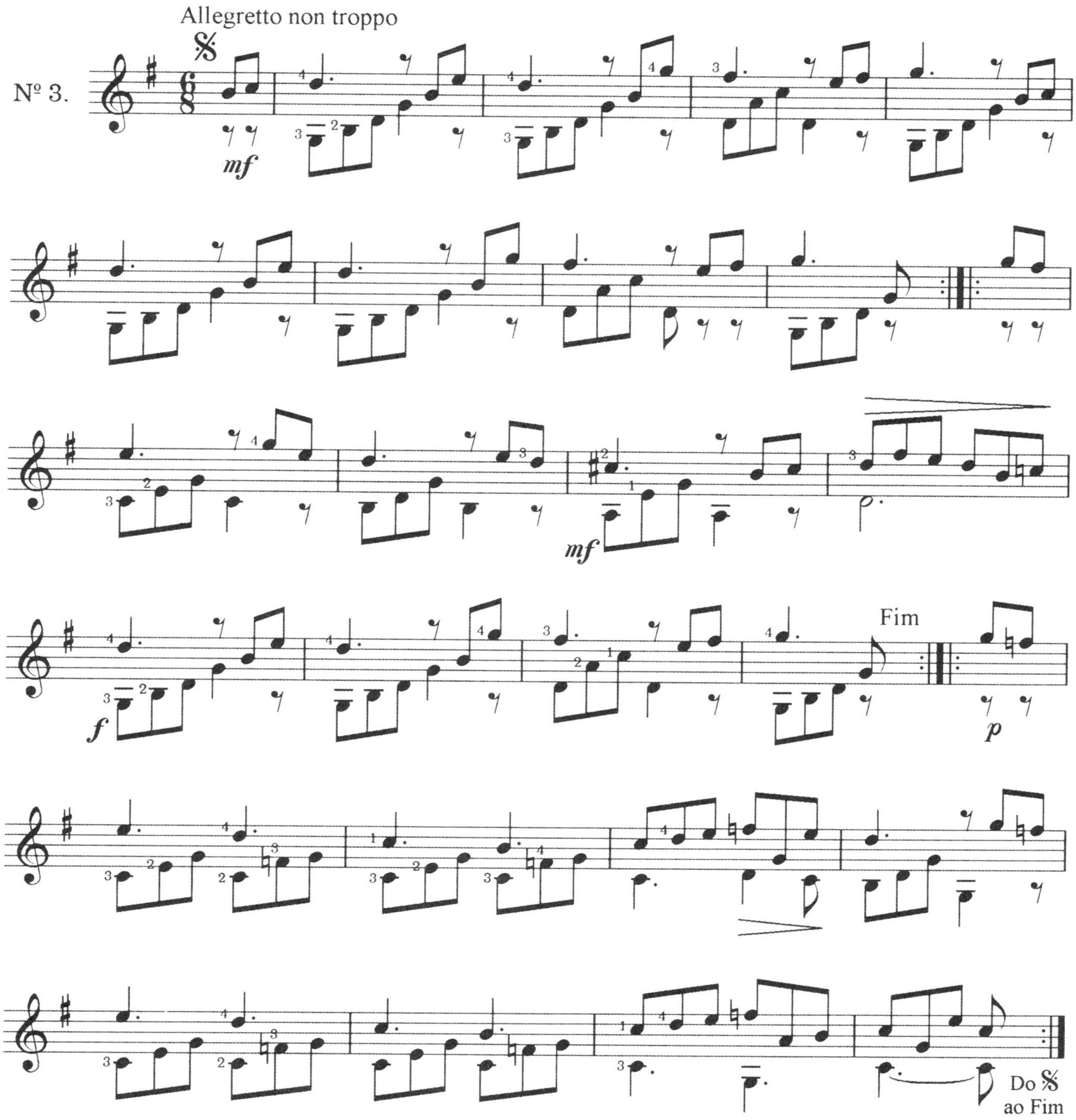
Allegretto non troppo
Nº 3.
mf
mf
f
Fim
p
Do ao Fim

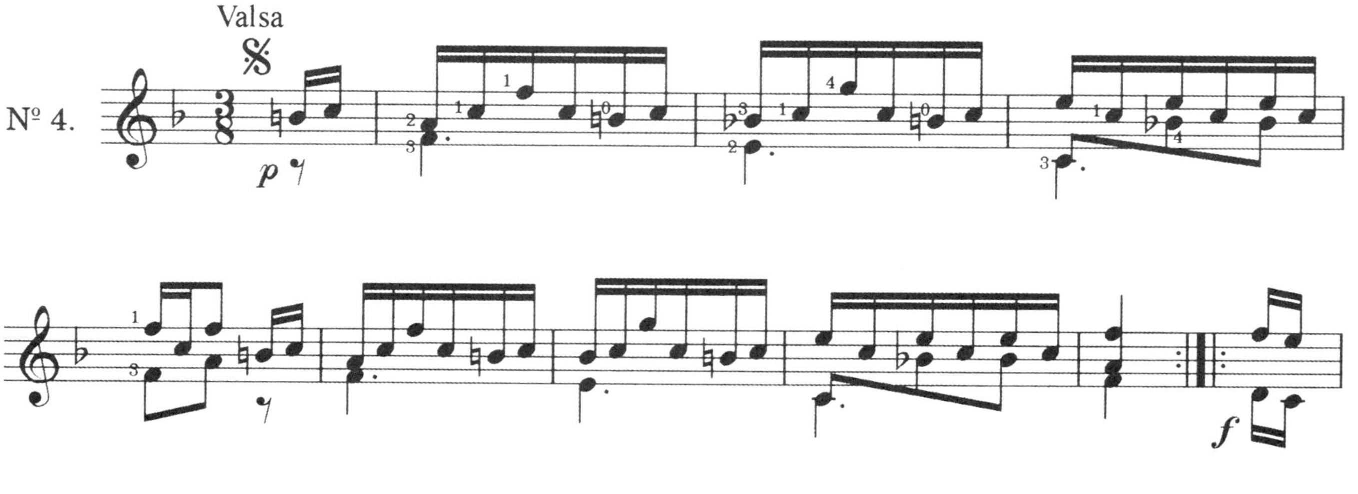
Valsa
Nº 4.
p
f

Nº 5. Capricho

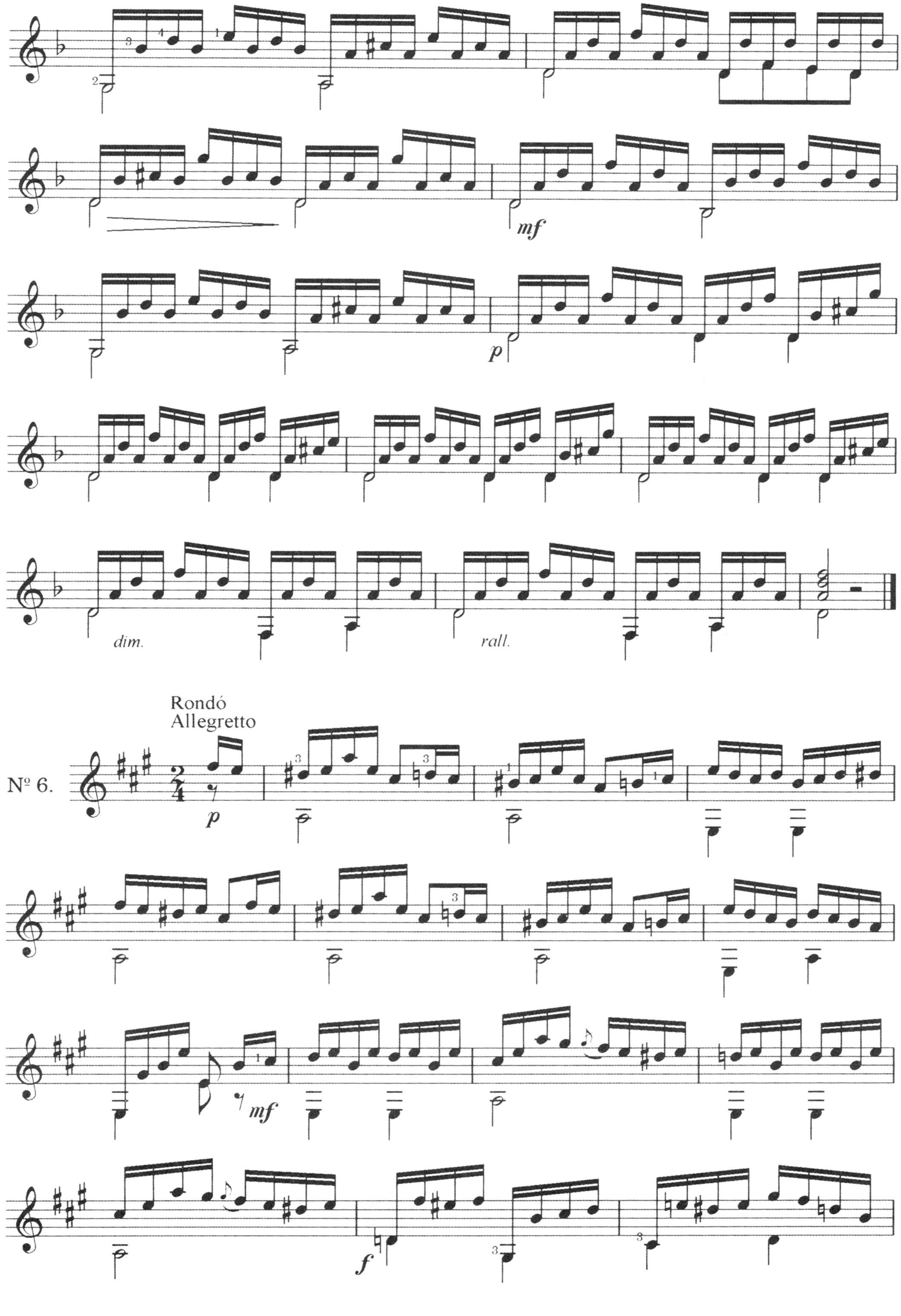
dim.
rall.
Rondó
Allegretto
Nº 6.

84

Siciliana

Nº 7.

Nº 8. Valsa

Nº 9. Marcha

Rondó
Allegretto

Nº 10.

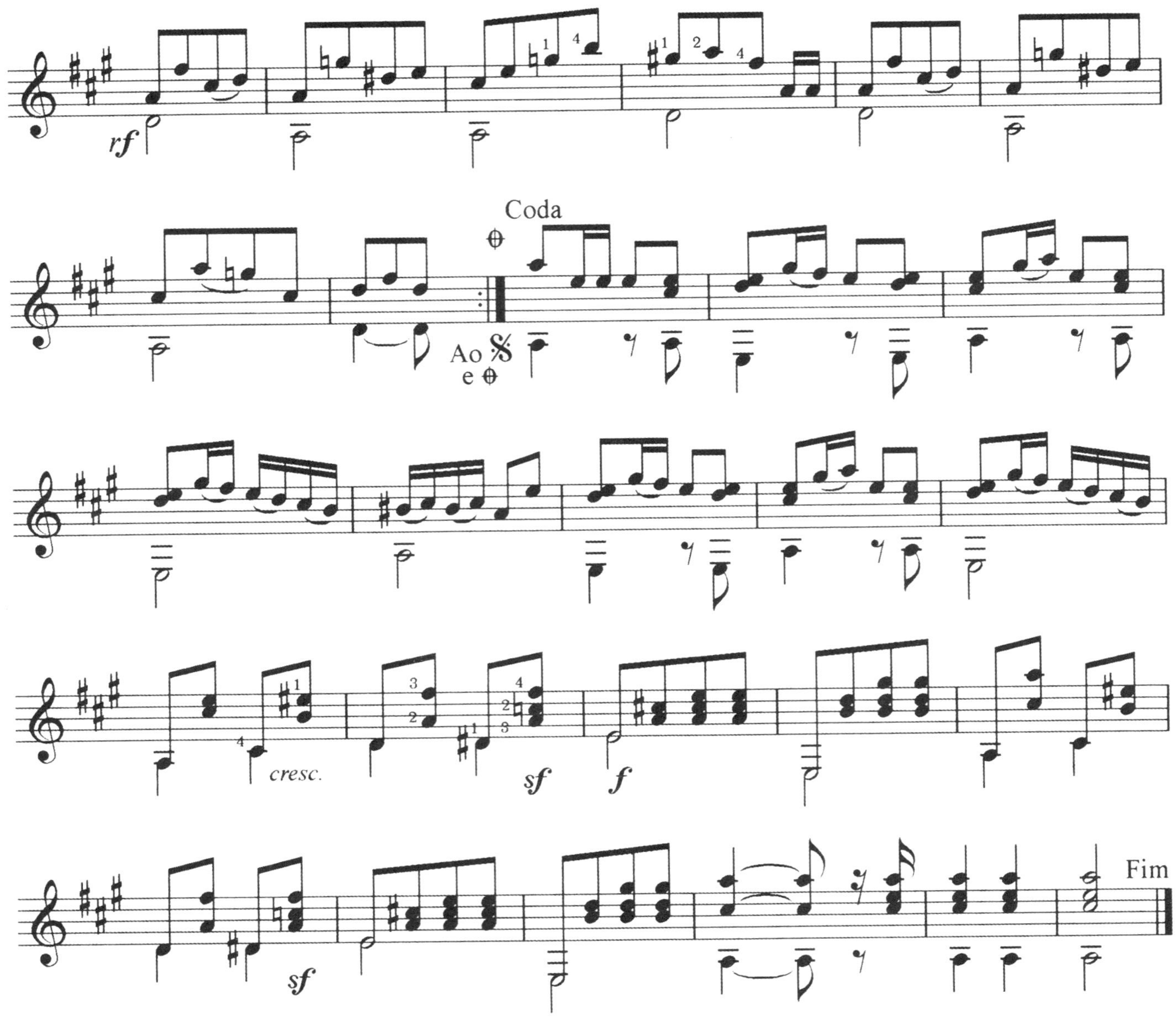

Rondó

Nº 11.

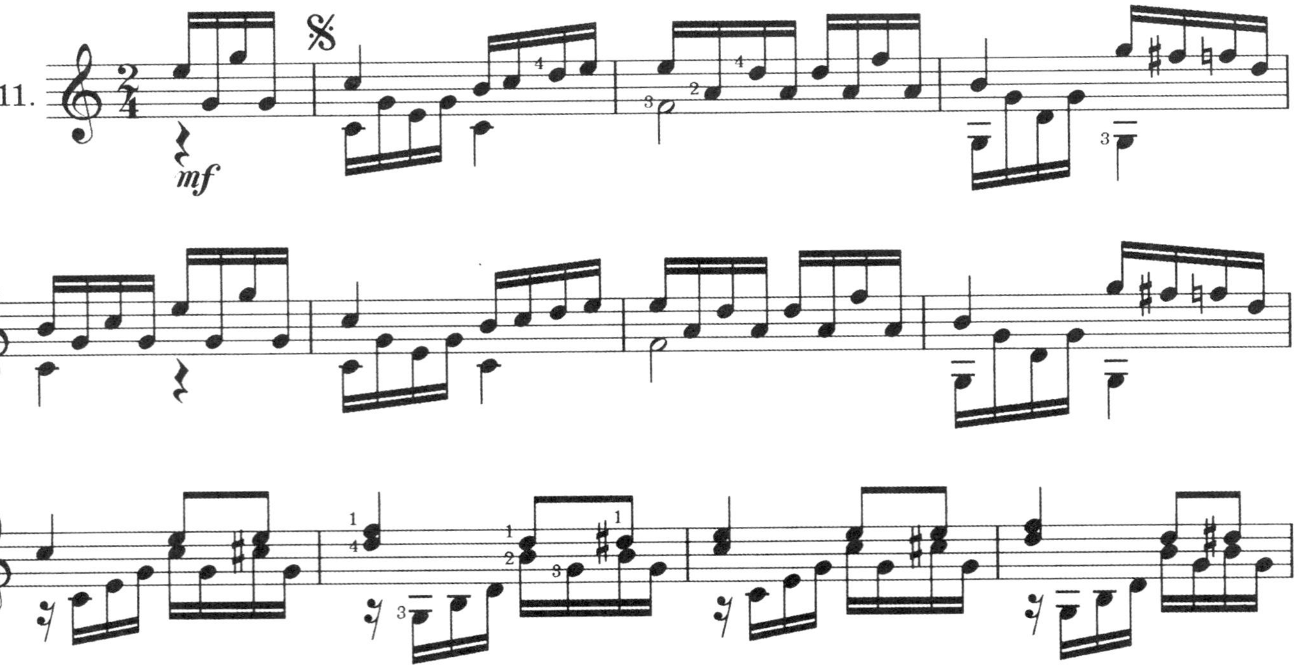

89

Ária Suissa

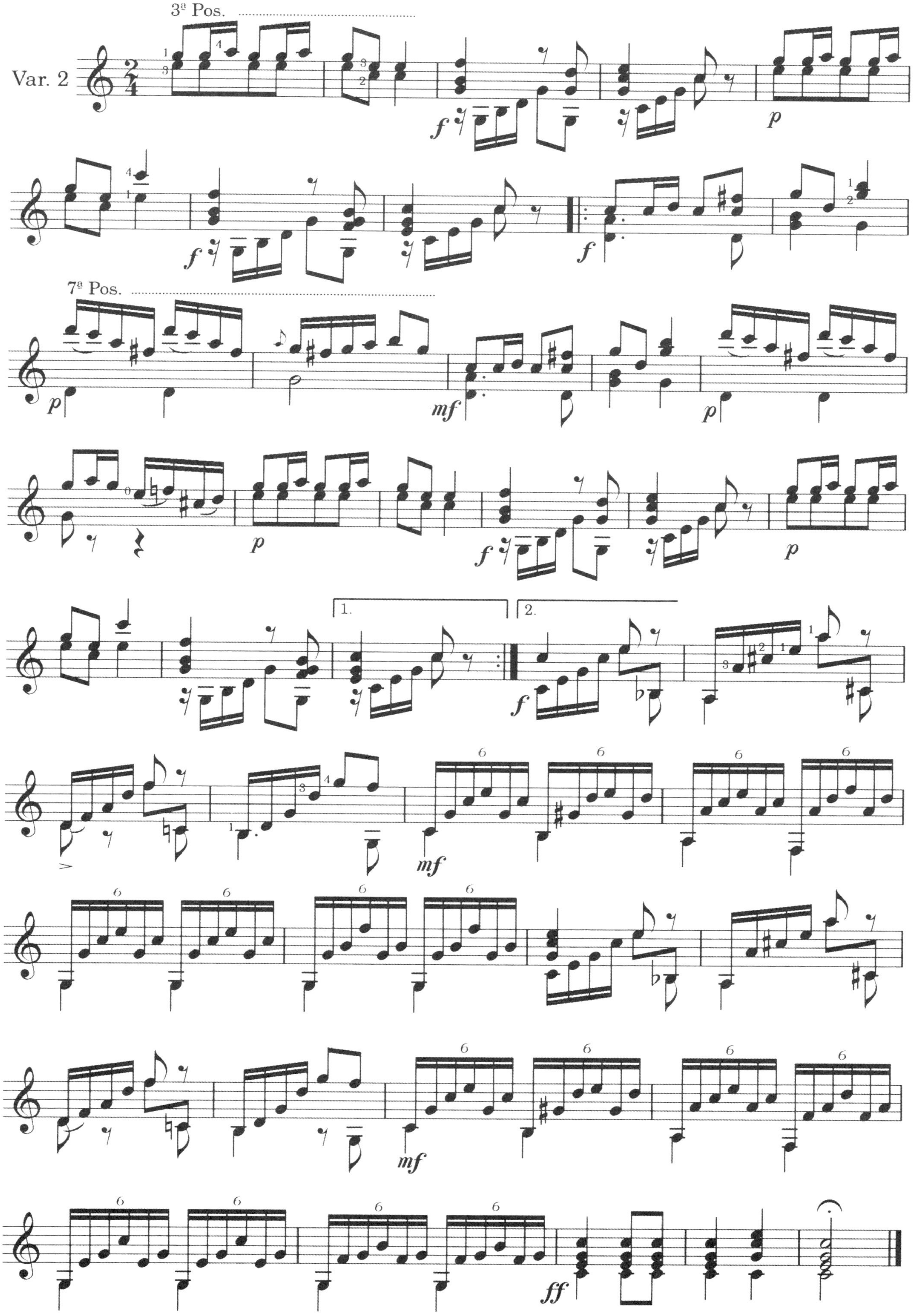
3ª Pos.
Var. 2
7ª Pos.
1.
2.

Para executar as duas peças seguintes, é preciso afinar o Violão em Mi maior

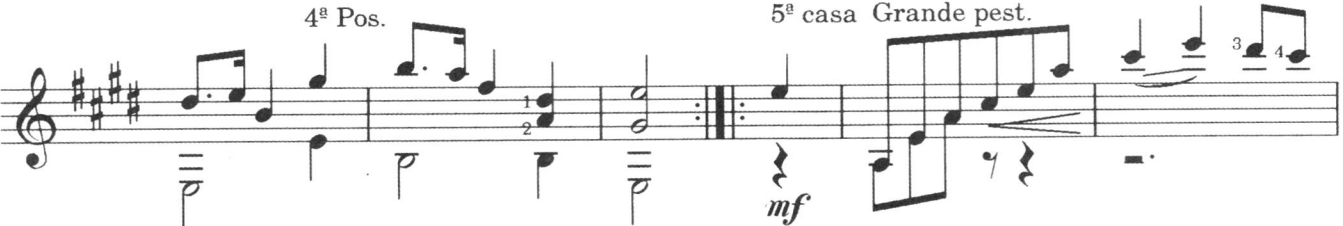

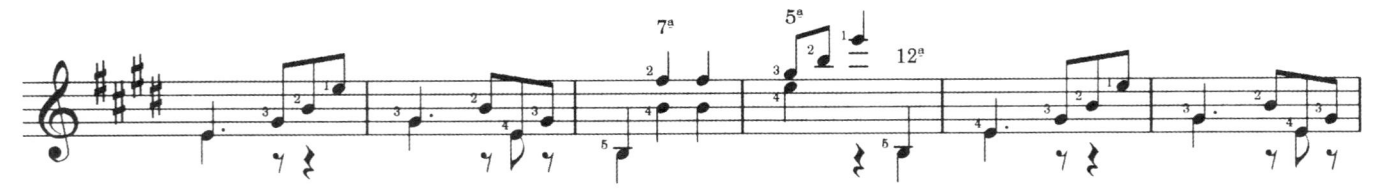

harm.
dim.
Galope
Nº 14.
mf
5ª casa
harm.
4ª Corda
Fim
p
7ª casa
12ª casa
Do 𝄋 ao Fim

Explicação dos Sinais

Para executar a próxima peça.

(Frisar)   Indica que é preciso conservar os dedos da mão direita firmes à exceção do polegar, abrí-los uns depois dos outros e fazê-los passar sobre todas as cordas sem fazer movimento com o braço.

(Polegar)   É preciso passar o polegar da mão direita levemente sobre todas as cordas.

(Indicador)   Passa-se o indicador da mão direita, muito levemente, desde a primeira até a última corda, junto da roseta.

(Vibração)   Deixar cair os dedos da mão esquerda em forma de martelo sobre as notas indicadas, com bastante força para por as cordas em vibração sem as ferir.

(Tambor)   Bater com o polegar da mão direita sobre todas as cordas junto do cavalete e com bastante força porém sem ruído.

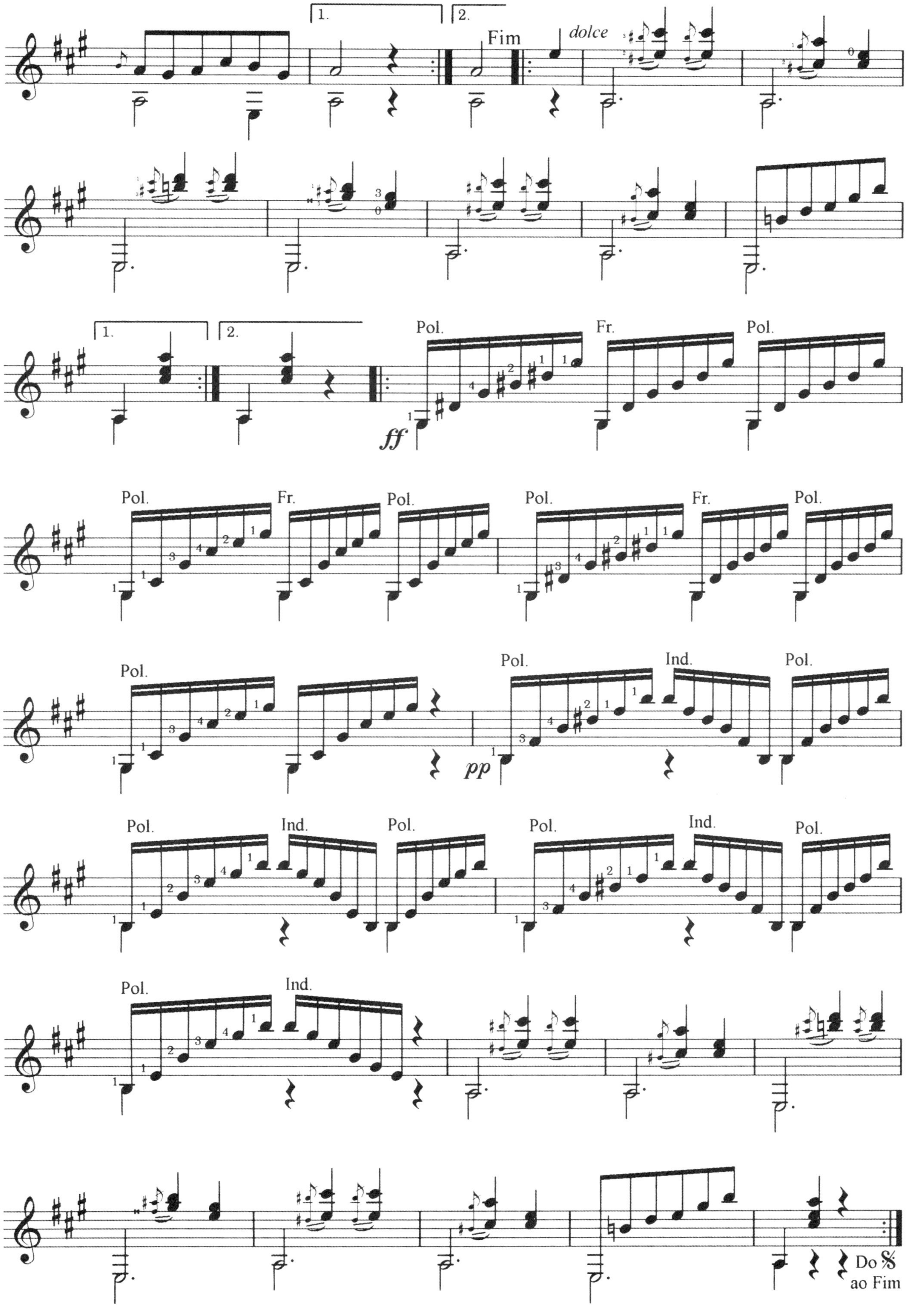
Fim
dolce
Pol.
Fr.
Ind.
ff
pp
Do 𝄋
ao Fim

Estudos Opus 60

Nº 1. Allegro

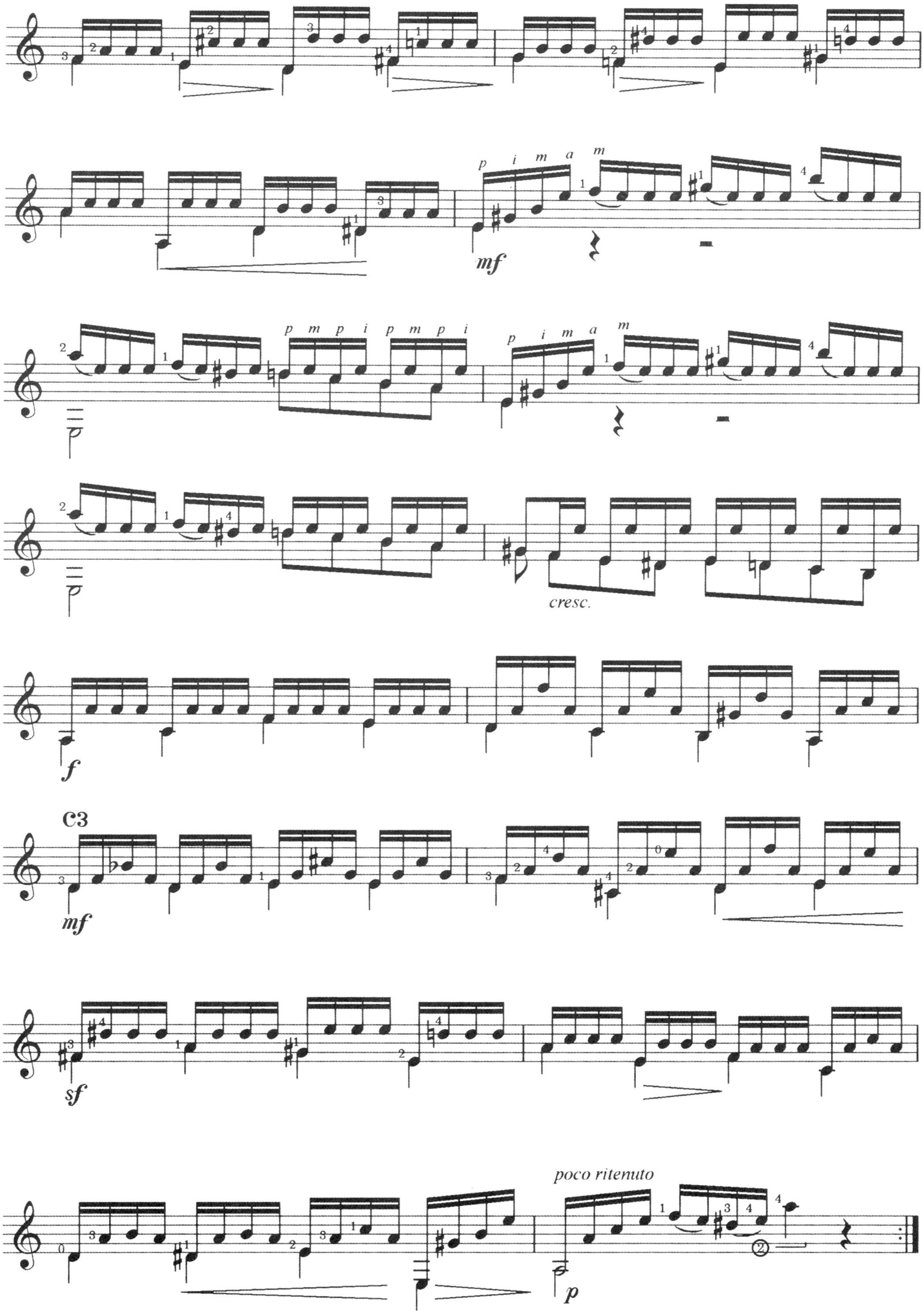

p i m a m
mf
p m p i p m p i
p i m a m
cresc.
f
C3
mf
sf
poco ritenuto
p

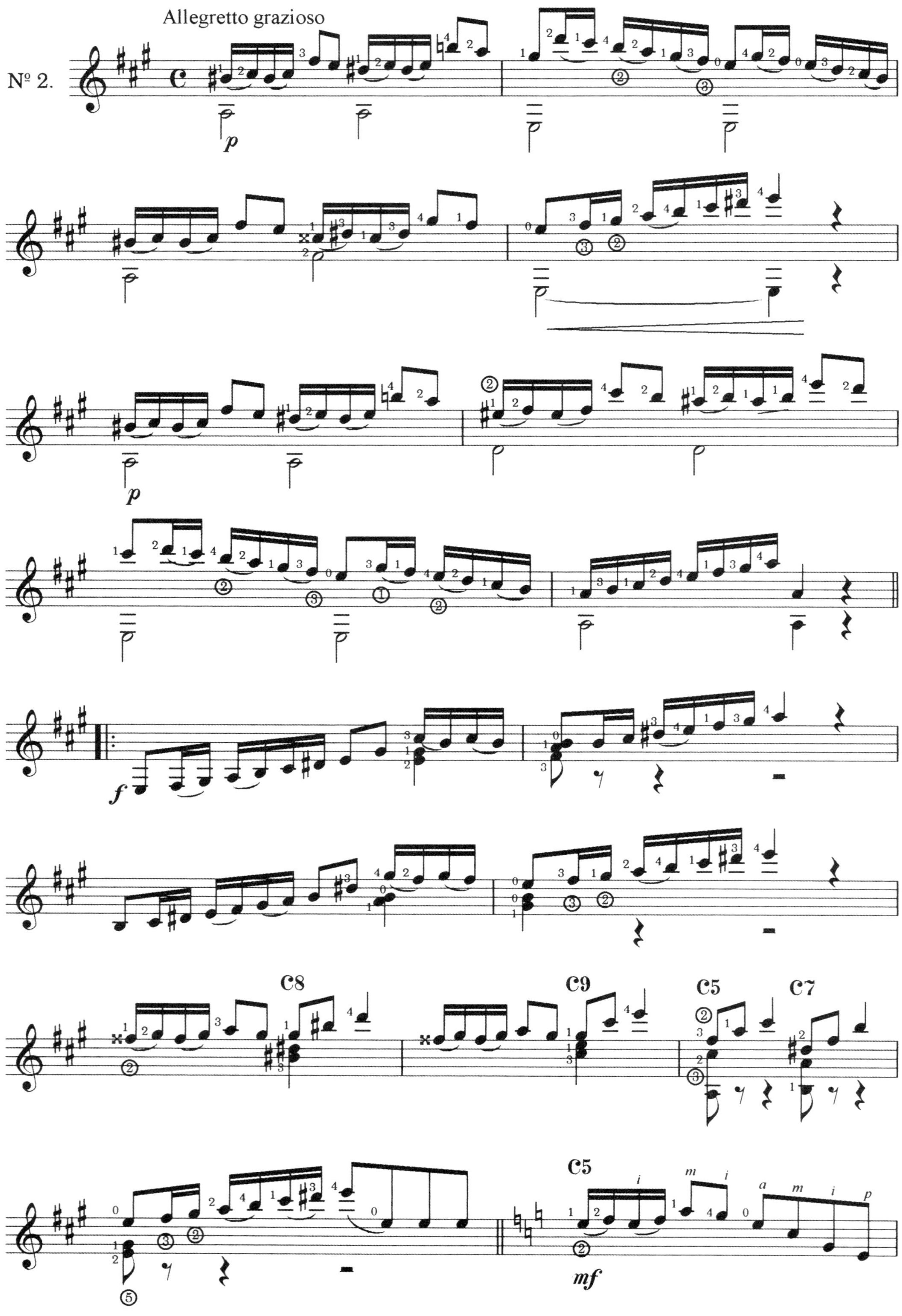
Allegretto grazioso
Nº 2.
C8
C9
C5
C7
C5

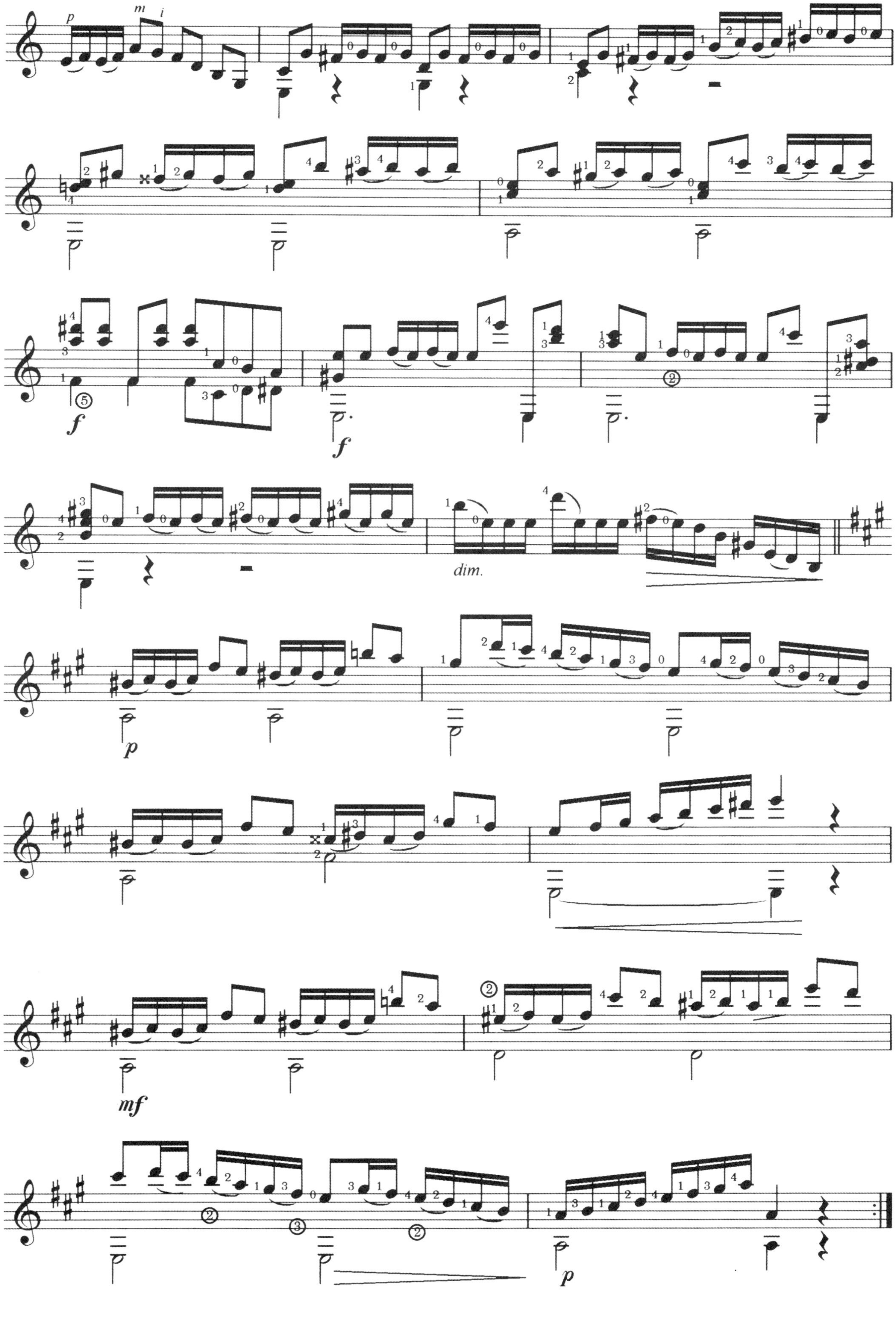
dim.

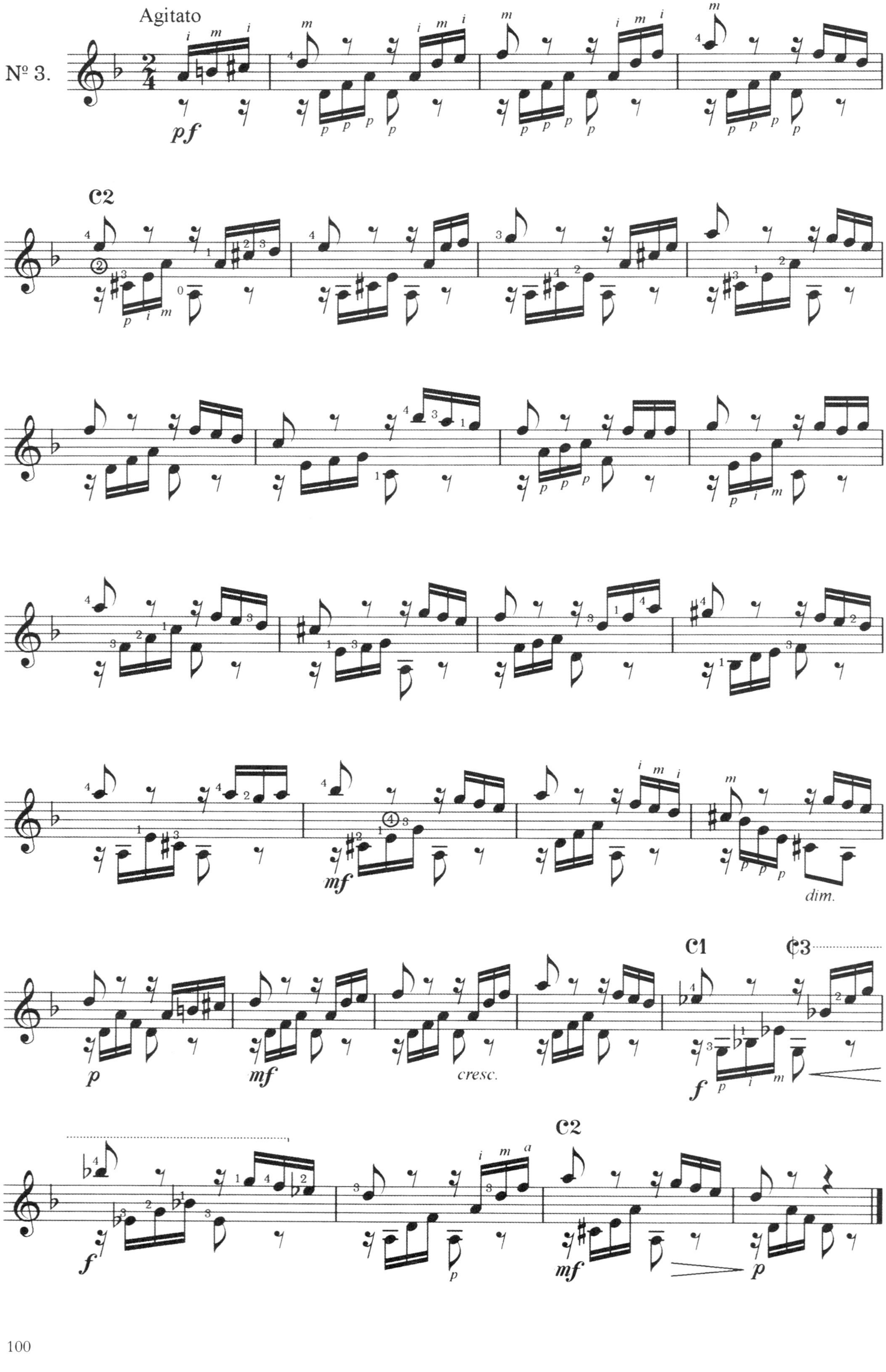
Nº 3.
Agitato
pf
C2
mf
dim.
p
mf
cresc.
C1
C3
f
f
C2
mf
p

Nº 4. Allegretto moderato

Nº 5. **Allegro brillante**

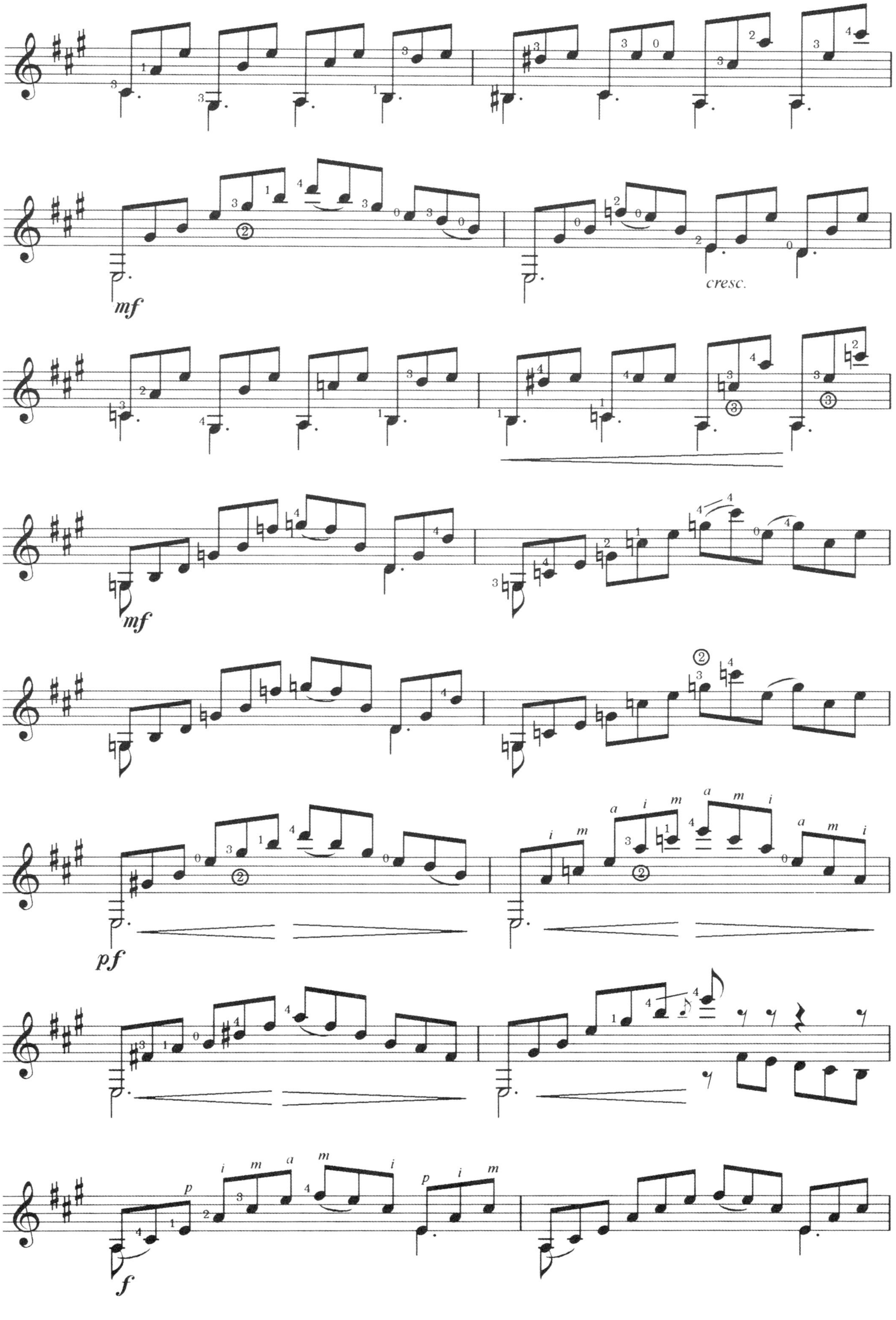
cresc.

Nº 6. **Andantino**

il basso marcato

105

Nº 7. Allegro

Nº 8.

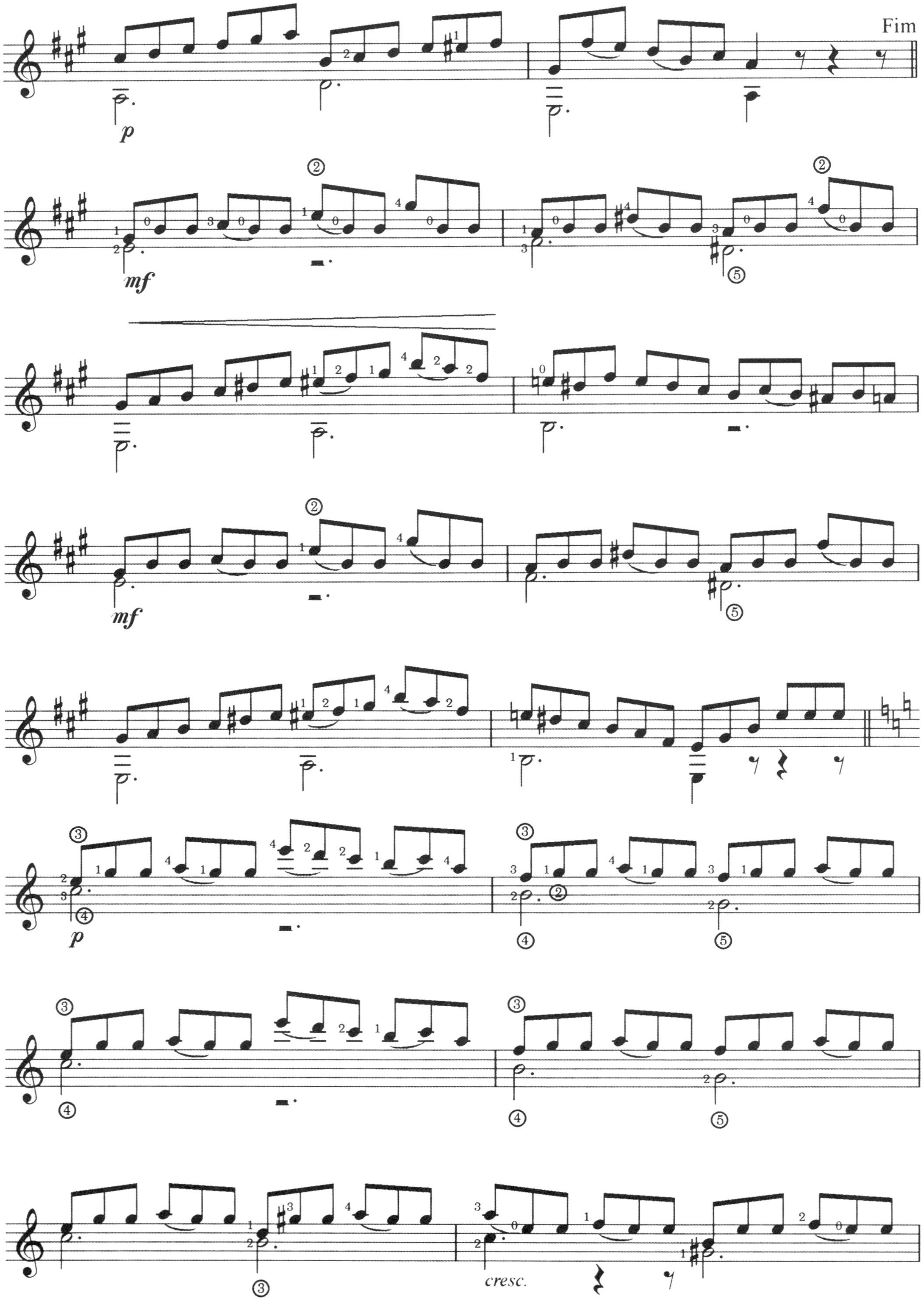
Fim
p
mf
mf
p
cresc.

Nº 9.

Andantino con espressione

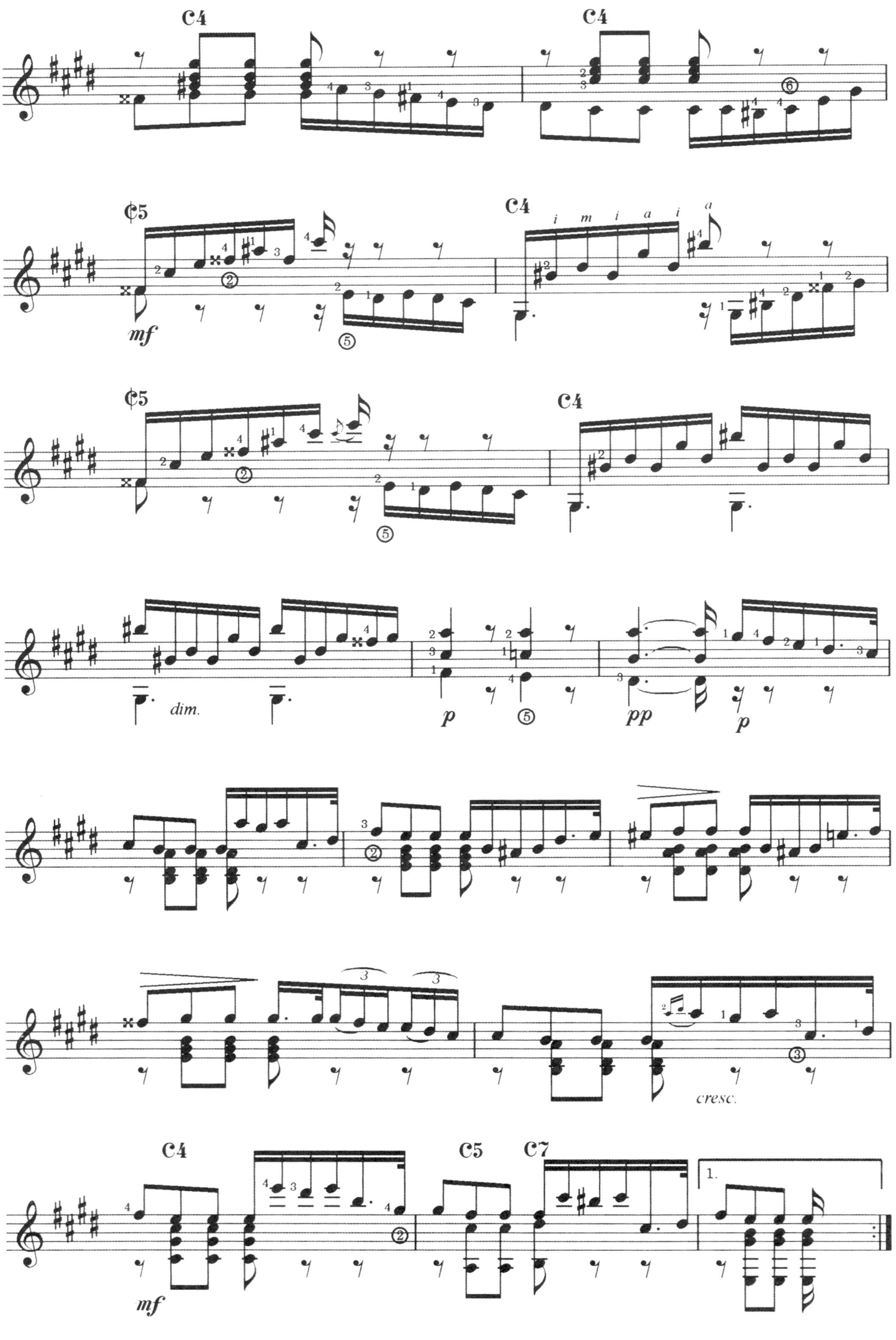
C4
C4
C5
mf
C4
i m i a i a
C5
C4
dim.
p
pp
p
cresc.
C4
mf
C5
C7
1.

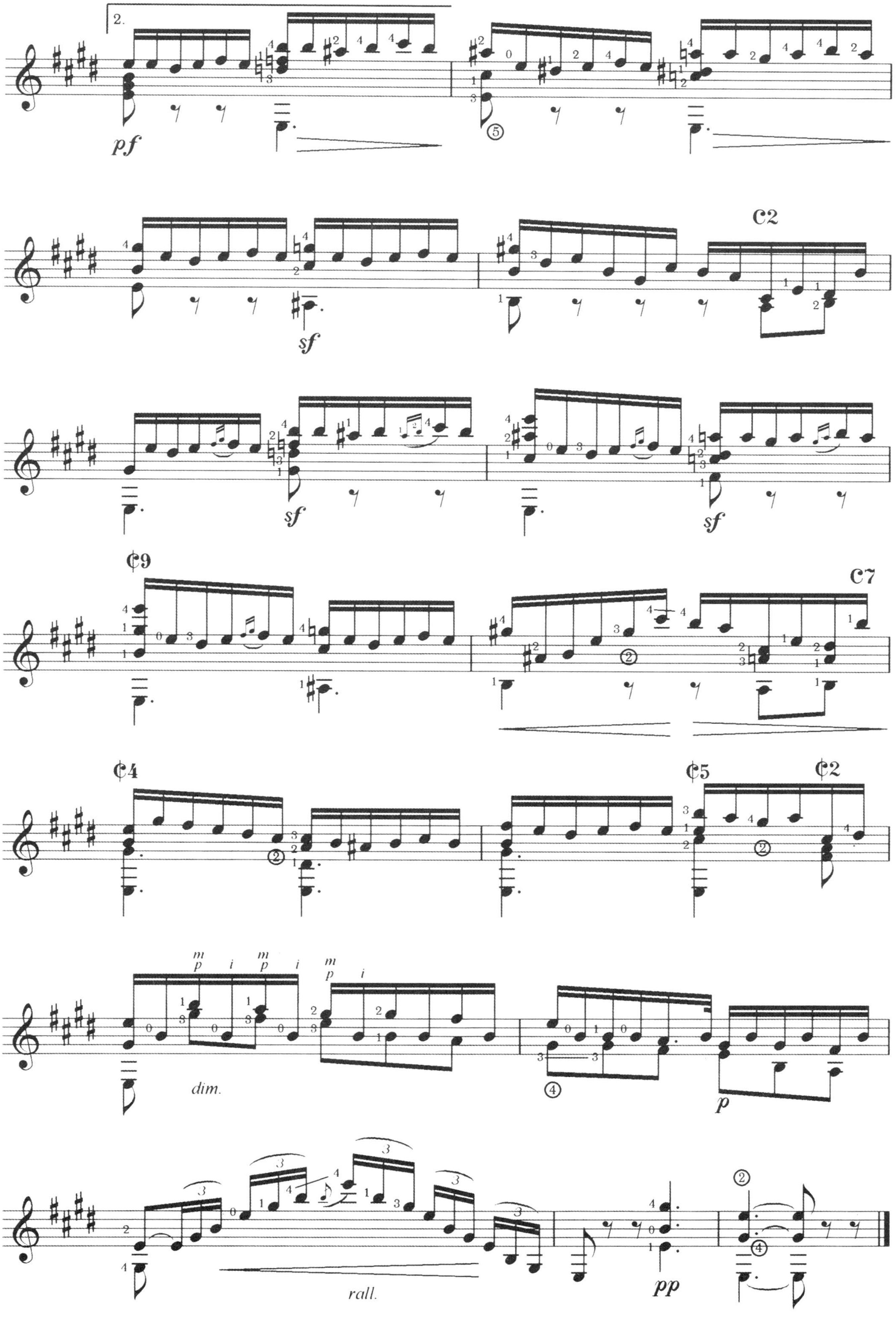
2.
pf
sf
C2
C9
C7
C4
C5
dim.
p
rall.
pp

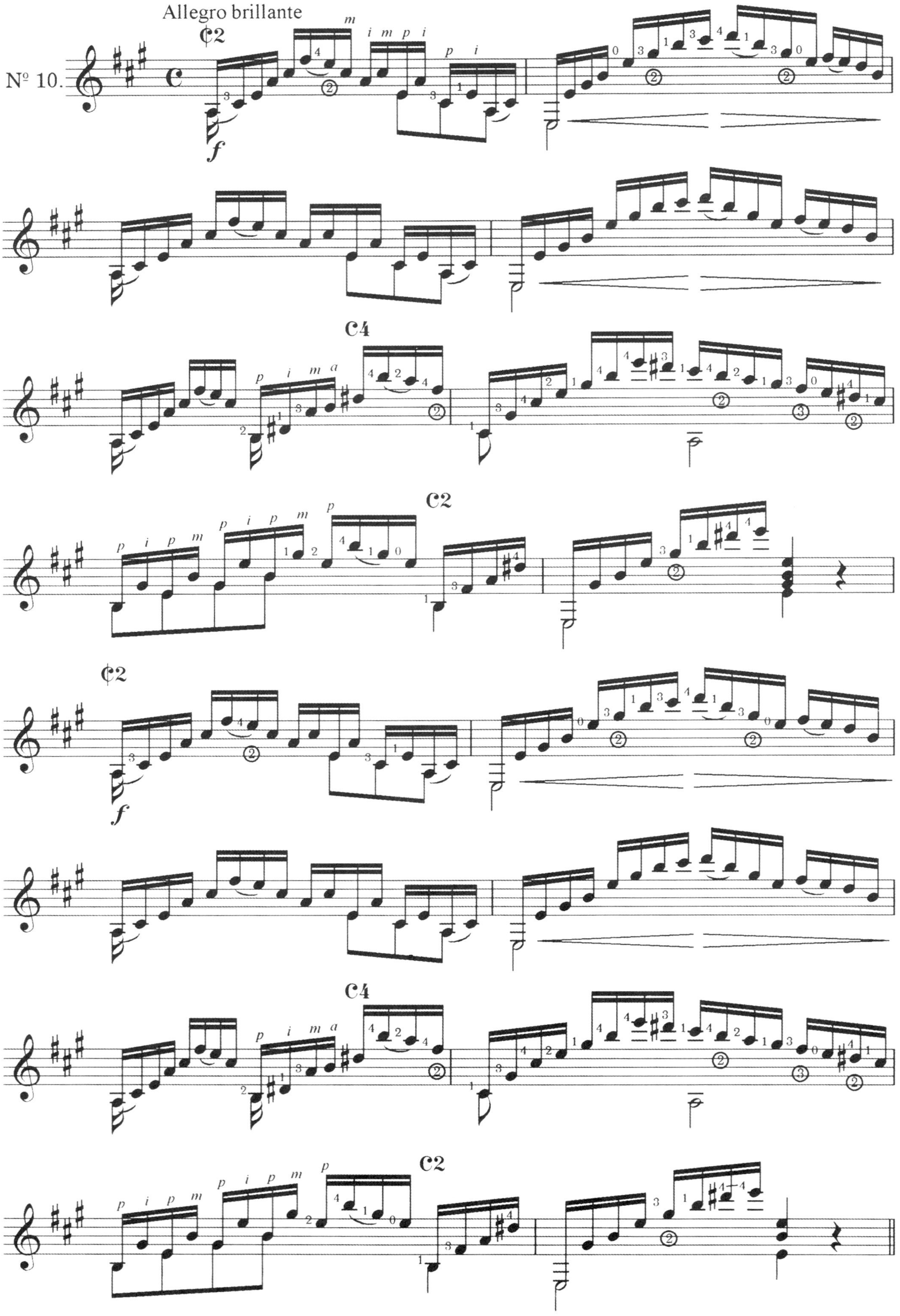
Allegro brillante
Nº 10.

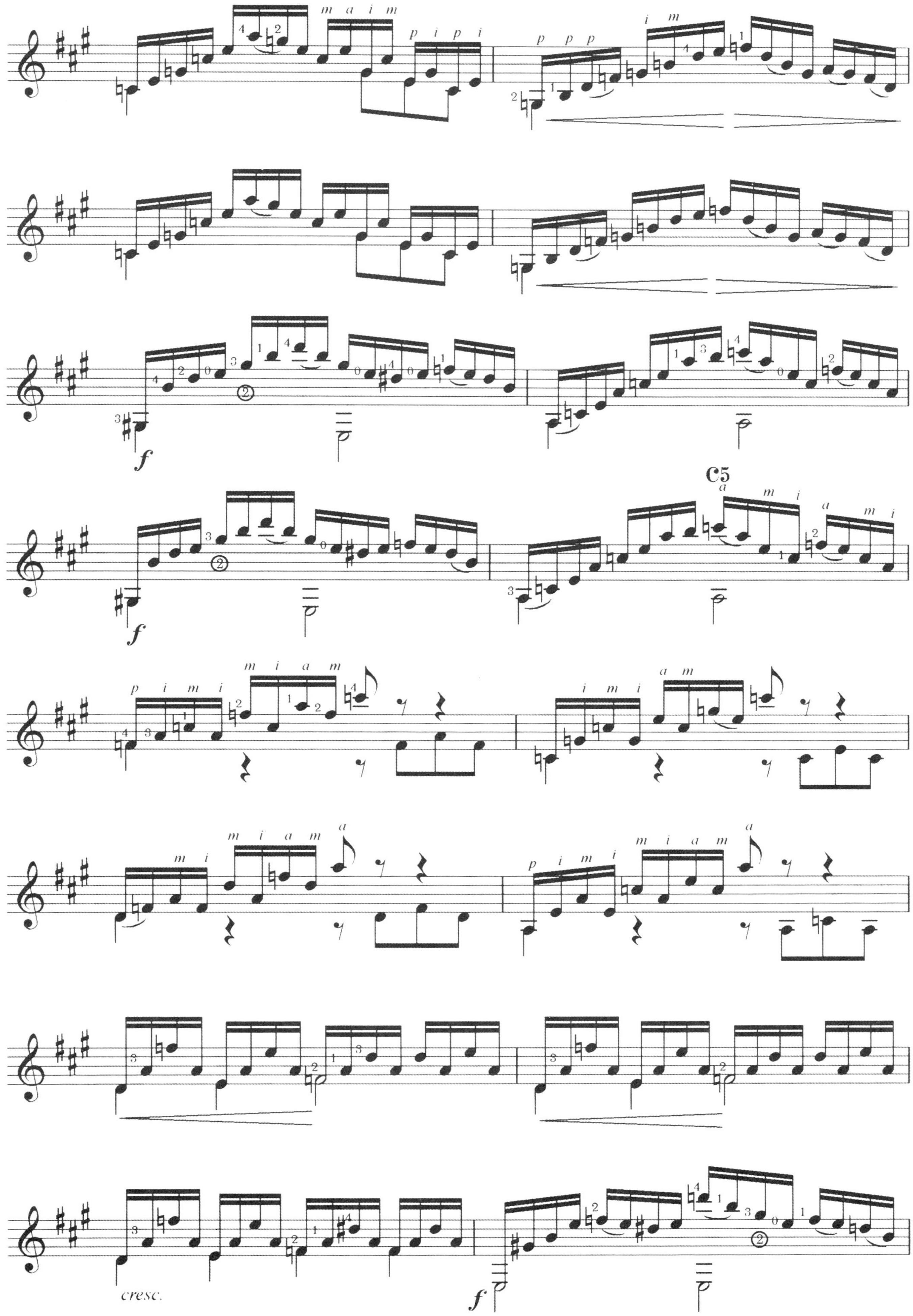
C5
cresc.

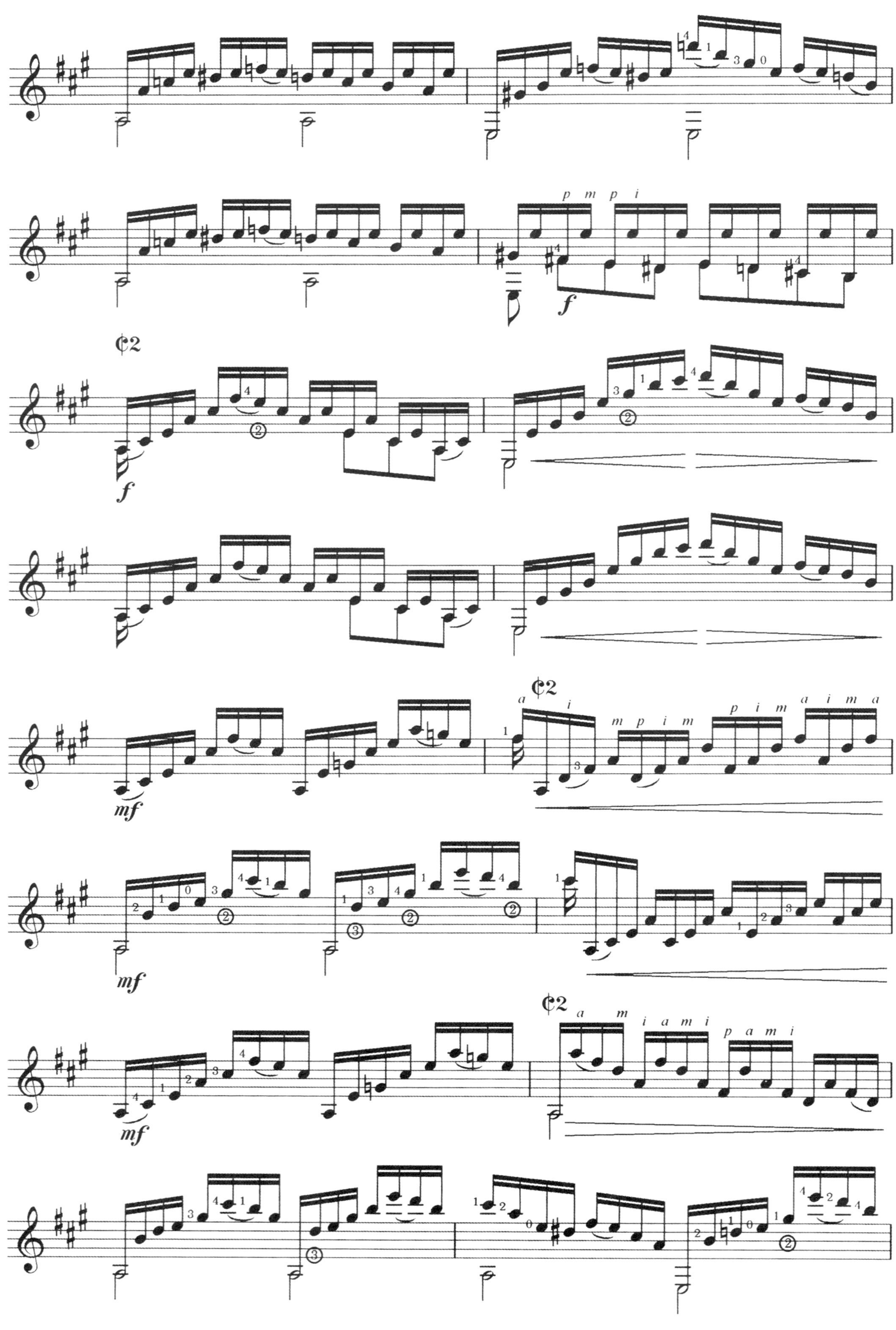
p m p i
f
¢2
f
¢2
a i
m p i m
p i m
a i m a
mf
mf
¢2
a m
i a m i
p a m i
mf

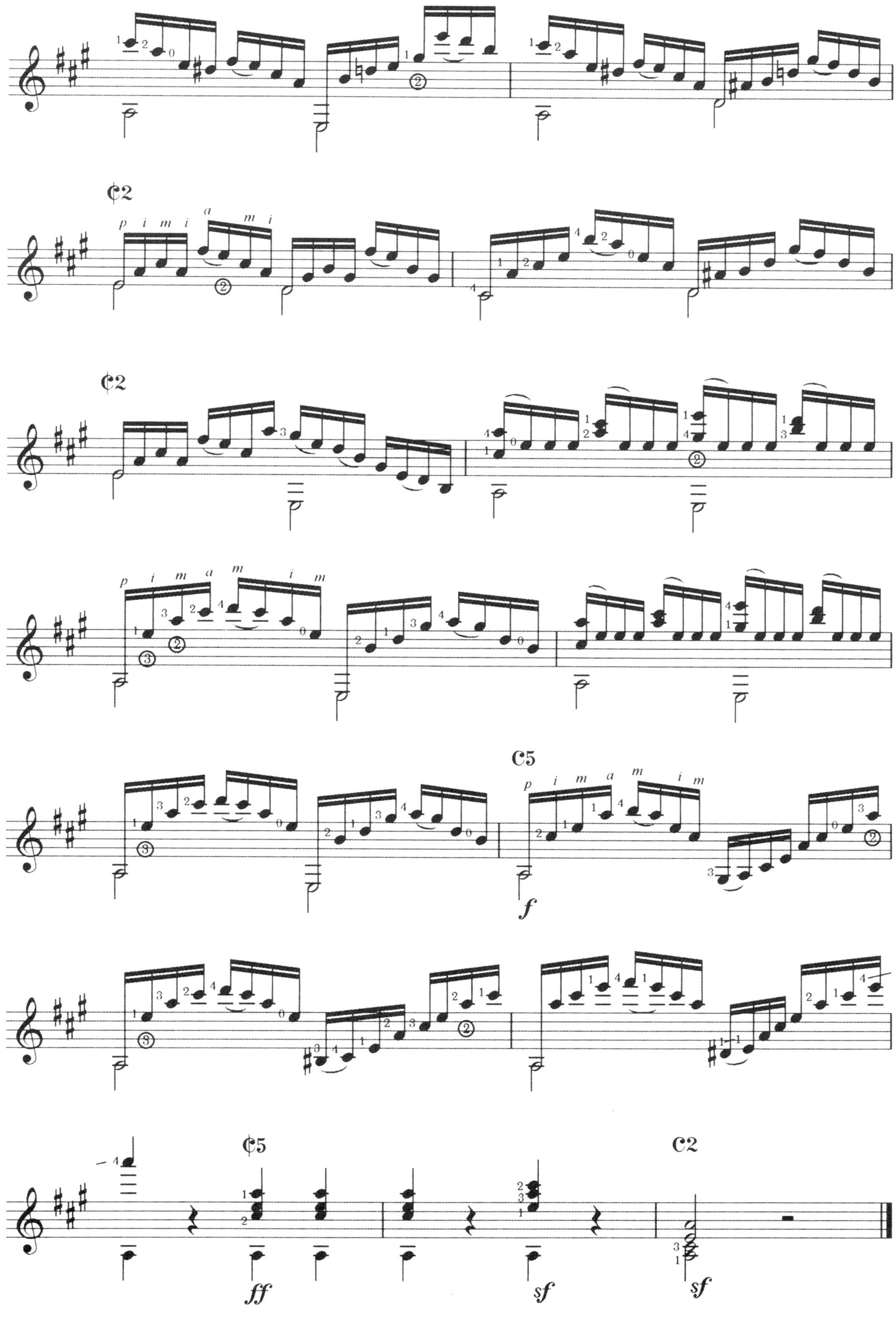
C2
p i m i a m i
C2
p i m a m i m
C5
p i m a m i m
f
C5
C2
ff
sf
sf

Irma
Valsa

A. Bernardini

© Copyright 1942 by Attilio Bernardini - São Paulo - Brasil
Copyright assigned 1945 to IRMÃOS VITALE S/A Ind. e Com. - São Paulo - Rio de Janeiro - Brasil
Todos os direitos autorais reservados para todos os paises - All rights reserved.

Sarabande
Partita Nº 1 para Violino solo

J. S. Bach

Guardame Las Vacas

Luis de Narvaez

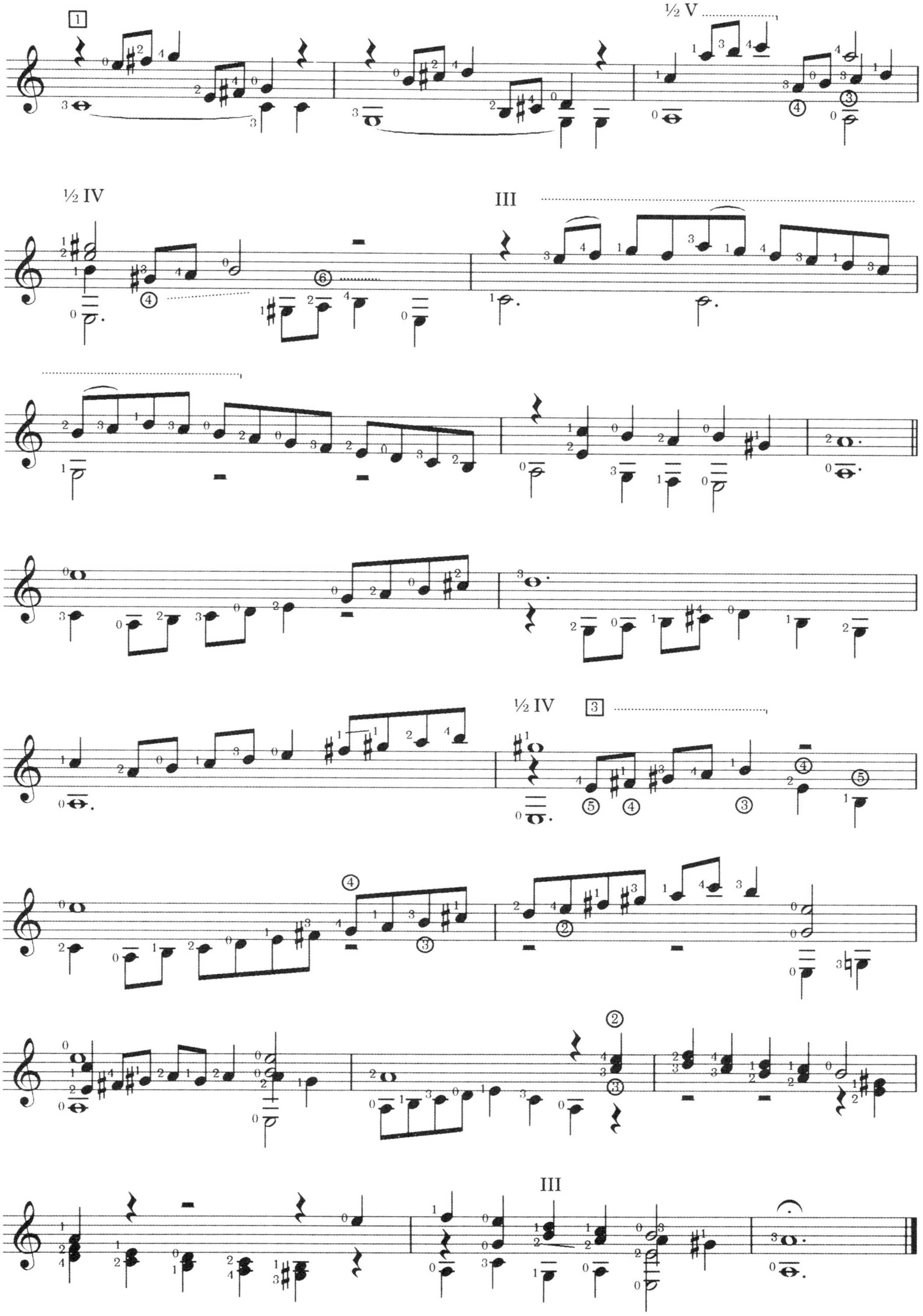

½ V
½ IV
III
½ IV
III

Sonatina

N. Paganini

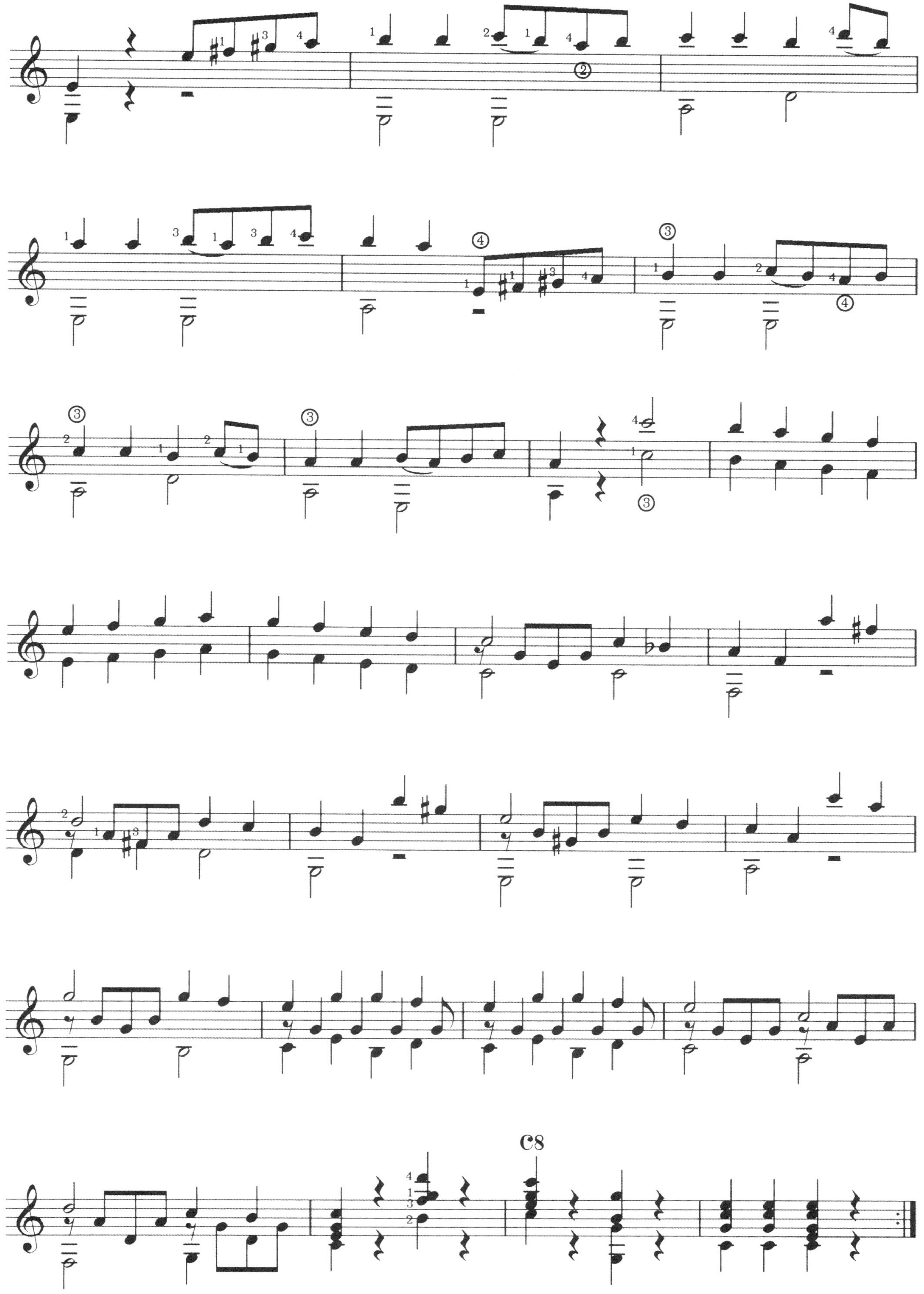
C8

Adelita (Mazurka)

Francisco Tárrega